활을 쏘다

고요함의 동학(動學), 국궁

활을 쏘다

고요함의 동학(動學), 국궁

김형국 지음

효형출판

국립중앙도서관 출판시도서목록(CIP)

활을 쏘다 : 고요함의 동학, 국궁 / 지은이: 김형국. —
파주 : 효형출판, 2006   p. ;   cm

참고문헌과 색인수록

ISBN 89-5872-026-3 03380 : ₩13000

698.4-KDC4
799.32-DDC21   CIP2006000611

머리말

우리 활쏘기의 아름다움

나는 뒤늦게 갑년(甲年)이 되어서야 활을 잡은 신사(新射)
다. 이나마 어린 시절 지금은 없어진 마산 추산정(騶山亭)
에서 활을 내던 선고(先考)를 따라 활터를 가본 기억이 불
씨가 되었음이 고마울 뿐이다.

만각(晩覺)이지만 활은 쏠수록, 아니 배울수록 묘미가
있다. 활은 아무리 배워도 끝이 없다 해서 경력이 오래된
구사(舊射)나 잘 쏘는 선사(善射)들도 사대(射臺)에 설 때마
다 "활, 배웁니다"라고 먼저 배례한 뒤 활을 잡는다. 나는
여기서 글로 활을 더 배우려 한다.

활은 우리 생활에 깊숙이 녹아있다. 언어에 녹아있다
는 말이다. 생활이 쌓여 언어가 되는데 우리말에서 선생을
일컬어 접장(接長)이라 하고, 유수 같은 세월을 일러 '쏜살
같다' 함은 모두 활에서 유래하였다.

접장은 활쏘기의 최소 자격을 갖추었다는 뜻이다. 한 순 다섯 대 화살을 모두 과녁에 맞추면 얻게 되는 자격이다.

지금은 아이들 놀이 말에 "빠른 것은 비행기"라 하지만, 지난날에는 화살 날아가는 것이 사람이 만든 가장 빠른 움직임이었다. 화살 속도는 강한 활이 초속 70미터, 약한 활이 초속 50미터이니 시속으로는 210킬로미터에서 250킬로미터 사이다. 이는 우리 공군이 사용하는 허큘리스 수송기(C-130)의 이륙속도인 시속 220킬로미터 전후에 해당한다. 예나 지금이나 빠른 속도를 다른 대상에 비유할 때 빠르기도 실감나는 정도이어야 빠른 사실을 안다. 초음속이나 광속은 실감 바깥의 세상이다.

이 책은 국궁 문화 개관서다. 이 분야의 기존 저술들이 거의 전적으로 활쏘기 기법에 관한 것임을 나름대로 성찰

한 결과다. 때문에 이 책이 국궁 문화 전반에 대한 일반 독서인의 호기심 그리고 국궁에 갓 입문한 사람들이 가질 만한 활의 사회·문화적 내력에 대한 탐구심에 얼마큼 부응했으면 좋겠다.

더불어 근대 이전의 우리 역사에서 중요 고비마다 등장하는 것이 활인데 그 위상의 정확한 파악에도 도움이 되었으면 좋겠다. 《조선왕조실록》 같은 묵직한 역사 문헌이 우리말로 옮겨진 것은 고마운 일이지만, 체험 없이는 속속들이 알기 어려운 것이 활인지라 그 대목들에 대한 해석은 번번이 엉뚱했던 점에서 이 책이 우리 역사 바로 읽기에 겨자씨만큼일지라도 일조하기를 바란다.

책 완성에는 여러 사람의 도움이 컸다. 황학정 사우(射友)들이 원고를 읽어주기도 했고, 관련 자료를 구해주기도 했다. 도판 작업을 위해 동양화가 송영방이 삽화를 그려주었고, 사진작가 권태균은 출사(出寫)의 노고를 아끼지 않았으며, 서울대 환경대학원 박사과정생 김연진은 관련 도면을 컴퓨터 그래픽으로 아름답게 꾸며주었다. 역시 마지막 노고는 책 꾸미는 사람의 몫인 것. 마땅히 효형출판과 그 편집진에도 깊이 감사드린다.

2006년 봄

김형국

차례

머리말 5

활쏘기는 군자의 일 11

역사 속의 활쏘기 27

근대 국궁의 요람, 황학정 71

세계 최강 한국 여궁 89

활을 내니 나를 얻네 99

인간문화재 궁사의 활 이야기 107

좋은 활이 명궁을 만든다 127

활을 쏘다 151

활터에서 169

국궁, 민족의 활쏘기 205

주 213

맺음말 238

국궁용어록 245
참고문헌 254
찾아보기 258

활쏘기는 군자의 일

활쏘기로 덕을 살피고,
활쏘기로 시름을 날리네.
좋은 시인은 읽는 이 마음의 정곡을 찌르고,
신궁은 멀리 과녁의 중심을 정확하게 울린다.

활은 초기 인류의 수렵용에서 출발했다. 인류는 인간을 동물과 구별해서 부르는 말로서, 도구를 만들어 사용할 줄 아는 '동물'이란 뜻이다.

그때가 후기 구석기 시대. 석기, 곤봉, 도검에 이어 나타난 활이 인류 공통의 생존 도구로 확산될 수 있었음은 오래 전 아메리칸 인디언이 그랬듯이, 활의 원리에 대해 전혀 본 적도 배운 적도 없는 벽지 아이들이, 탄력 있는 나뭇가지 하나 또는 대나무 한 토막에 끈을 묶고는 산야를 헤매며 참새나 개구리 잡기에 몰두하던 놀이에서 능히 짐작되는 바다.^{도판1}

생존 수단이 되었다는 말은 활이 원시사람들의 일상 전체를 지배했다는 뜻이다. 활은 짐승을 잡을 수 있는 도구이면서, 동시에 자연 질서를 주관하는 하늘의 절대자에게 더 많은 수확을 염원하는 데도 더 없이 소중한 장치로 여겨졌다. 육상동물의 한계를 이겨내고 하늘에 소원을 닿게 하려면 화살을 창공으로 쏘아 올릴 수 있는 활이 최상의 방도라 보았던 것이다.

원시사람은 소원을 빌기 위해 축제 같은 제의(祭儀)를

양 으 눈잡식 희아

도판1_ 〈아해 새 잡는 모양〉, 기산(其山, 箕山) 김준근(金俊根), 종이에 채색, 16.9×13cm, 19세기 말, 국립민속박물관 소장

구한 말 대표적인 풍속화가 기산은 19세기 후반 우리의 다양한 삶의 모습을 그렸다. 간혹 부산 사람이라 전하고 있지만 부산, 제물포 등지에서 선교사 등 외국인들의 청에 따라 많은 그림을 그렸다는 사실 말고는 그의 생몰과 행적에 대해서 알려진 바가 없다. 그림도 대부분 외국에 산재해있던 까닭에 우리에게 뒤늦게 알려졌다. 그래서 국립민속박물관이 보존 상태가 양호하고 소재가 풍부한 프랑스 국립 기메 동양박물관 소장본 여든일곱 점을 모사했는데, 이 그림도 그 가운데 하나다.

즐겨 열었다. 철철이 여는 축제에서 공동체 전체가 계절의 변화, 곡식의 자람과 거둠, 사람과 짐승의 출생과 죽음 등 자연 질서를 경축하는 놀이를 펼쳤다(하위징아, 《호모 루덴스》). 마치 의사 놀이, 부모 놀이 등을 통해 아이들이 자라서 장차 하고 싶은 노릇을 예행연습 하듯이, 원시인류 역시 수확을 안겨주는 자연의 질서를 놀이함으로써 하늘에다 더 많은 은혜를 갈구했다. 제의는 한마디로 사람의 소망을 극적으로 표출하는 '대리(代理)적 현실화'의 방식이었다. 우주 질서에 순응하려고 생겨난 이 풍습이 자연스럽게 모든 사회질서와 사회제도의 출발점이 되었다.

구석기 시대면 역사 기술 이전의 선사시대다. 그렇게 오래 전에 등장한 생존의 중요 방편이었으니 역사가 기술되기 시작하자마자 활에 대한 언술(言述)이 다각도로 나타난 것은 예기된 바다. 동양 사상이 각양각색으로 쌓이던 중국 춘추전국 시대의 제자백가들이 활에 대해 명상했고, 서양에서는 청춘남녀 사이에 사랑이 싹트는 마음의 파장을 일컬어 '큐피드Cupid의 화살을 맞았다'고 표현했다. 또 아들 머리에 올려진 사과를 석궁(石弓)으로 쏘아 맞힌 14세기 윌리엄 텔의 전설은 스위스 사람들의 자유를 이끌어준 상징이었다.

활이 생존 방식으로 부상한 뒤에도 부족 생활을 영위

하는 원시 집단이 수렵이 여의치 않아 생존에 위협을 받을 때도 많았다. 그때는 다른 집단이 거둔 것을 넘보았다. 아니, 수렵·채취 또는 농경을 통한 최소 생존이 가능해도 결코 그 수준에 만족하지 않는 본성, 곧 사람 특유의 욕심이 발동했다. 절대적 또는 상대적 부족을 채우려는 인간의 욕심은 집단 싸움 내지 전쟁을 다반사로 촉발했다. 수렵용 활은 자연스럽게 전투 무기로 변신했다. 전투 무기가 되었음은 활이 집단 외부로 향하는 사회적 기능을 확보했다는 말이다.

외적과 다투는 싸움에서 활을 효과·효율적으로 이용하자면 장정들이 평소 활쏘기 수련에 매진해야 했다. 수련은 정연하게 수립된 규율의 체득을 요구한다. 활은 무기인지라 함부로 다루면 무엇보다 안전사고가 발생할 수 있는 위험물이기 때문이다. 안전하게 다룬 활로 소기의 목적을 실현하려는 갈망 속에서 사법(射法) 또는 궁술(弓術)이 발달했다. 사법은 우선 활의 기능성을 높일 수 있는 방도의 축적에 집중되었을 것이다.

사람의 관심은 거기서 그치지 않았다. 사람은 지혜의 동물인지라 활에 담긴 현실 사회적 함의를 살펴보기 마련이었고, 때로는 삶의 의미를 고차원에서 살피는 명상에도 골몰했다.

현실 사회적 함의는 주로 공동체의 다스림을 위한 미덕을 확인하는 일이었다. 19세기 말에 이 땅을 찾았던 이방인의 눈에도 활에 얽힌 동양적 발상법이 금방 드러났다. "예부터 천자는 봉건 영주, 고관, 관리 들을 궁술 솜씨로 선발했다. 궁술은 남성만의 특수한 일이었고, 거기에는 의식과 음악이라는 장식이 곁들여졌다. 의식과 음악을 가장 완벽하게 보여줄 수 있는 것들과 미덕 및 선행을 확립하는 역할을 할 수 있는 빈번한 연행들 중에서, 궁술에 필적하는 것은 아무것도 없다. 그래서 고대 왕들은 궁술에 관심을 보였다(컬린, 《한국의 놀이》)."

발상법은 말이 되고 글이 된다. 대표적인 예가 동양적 지혜가 잘 녹아든 문헌인 《예기(禮記)》의 한 편목으로 '사의(射義)'가 씌어진 일이다. 활쏘기를 군신 사이에 있어야 마땅한 의리〔君臣之義〕는 물론이고, 지혜의 연륜이 높고 낮음이 순리이자 질서〔長幼有序〕임을 밝히는 방편이라 보았던 것이다. 짐승을 대신하는 표적을 세워놓고 누가 잘 맞히는지 확인하려면 차례를 지키고 의식을 거행해야 했기에 그에 필요한 규율이 축적되지 않을 수 없었고, 그 규율은 공동체 영위에 필요한 질서와 일맥상통한다고 여겼다.

활쏘기가 곁들여지는 '향음주례(鄕飮酒禮)'에서 낭독했던 서약문이 이런 사정을 잘 말해준다. 향음주례는 향촌의 선비·유생들이 서원 등에 모여 학덕과 연륜이 높은 이를 주빈으로 모시고 술을 마시면서 잔치를 거행하는 향촌 의례의 하나인데, 어진 이를 존중하고 노인을 봉양하는 데 그 뜻이 있었다. 매년 시월, 각 고을에서 수령이 주관했던 이 잔치는 중국 주(周)나라에서 전래되어 고려 때부터 시행했다.

그 서약문에는 금기 사항을 나열한 소극적 덕목과 권장 사항을 나열한 적극적 덕목이 들어있다. 전자에는 "부모에게 불효한 자, 형제 간에 불화한 자, 친구 간에 불신한 자, 조정을 비방하는 자, 수령을 비방하는 자는 쫓아낸다" 했고, 후자에는 "덕업을 서로 권할 것, 잘못을 서로 깨우쳐줄 것, 예속을 서로 도와 이룰 것, 환난을 서로 구휼할 것"을 권선(勸善)하고 있다. "무릇 동향인은 효우충신(孝友忠信)을 다하여 모두 후한 마음으로 돌아가라" 했으니, 이 모두가 "세상이 제대로 다스려지는" 치세(治世)로 가고자 함이었다(정재민, 〈한국 고전문학에 나타난 국궁〉).

치세는 공동체의 성원이 제 본분을 다할 수 있고, 또 다해야 하는 세상이다. 사람이 세상의 주역이고, 세상일의 출발과 완성은 사람의 몫이요 탓이다. 말이 쉽지 세상 사람들이란 몫은 놓치지 않으려 하고, 탓은 남에게 돌리기 일쑤다. 그래서 성현들이 도덕으로써 사람들을 타일러 왔는데, 활을 비유한 대목은 맹자의 타이름이 대표적이다. "어짊〔仁〕을 행한다는 것은 활쏘기 경기를 하는 것과 같다〔仁者如射〕"고 말하면서, "자기 마음과 몸의 자세를 바르게 한 뒤에 화살을 내보내는데, 그것이 맞지 않더라도 나를 이긴 사람을 원망하지 않으며 화살을 맞히지 못한 원인을 반성하여 스스로에게 구할 뿐이다〔正己而後發 發而不中 不怨勝己者 反求諸己而矣〕"했다《맹자》, 공손축편〕. 요컨대 곧 '내 탓이오〔反求諸己〕'란 말인데, '내 탓이오'를 실행할 수 있는 사람은 덕 있는 사람이다.

그래서 "활쏘기는 군자의 태도와 유사하다〔射有似乎君子〕"했고, 이 연장으로 《예기》의 사의편에 "활쏘기로 큰 덕을 살핀다〔射以觀盛德〕"고 적은 대로, 덕을 살피는 '관덕(觀德)'이란 낱말이 활쏘기의 별칭이 되었다. 이 유래는 오늘에도 이어져 우리나라의 전용 활터 318곳 가운데 '관덕정'이라 이름 붙은 곳이 다섯이나 되고, 관덕을 포함해 그 이름에 '덕'자가 들어간 활터는 열다섯이나 된다.

수렵 행사에서 짐승을 잡거나, 공동체 질서를 고양하려는 집단의식에서 화살로 과녁을 맞히는 '명중'은 신명나는 희열의 순간이다. 신나는 놀이에서 맛볼 수 있는 '유희삼매(遊戲三昧)'의 경지인 것이다. 유희의 즐김을 인간의 대표적인 본성이라 여겨 사람을 유희인(遊戲人, homoludens)이라 단정했던 '유희인간설'의 적용에 고금(古今)이 있을 리 만무할진대, 공자도 거기에 예외가 아니었다. 그래서 "군자는 경쟁을 하지 않으나 꼭 경쟁을 해야 한다면 활쏘기 경쟁을 해야 한다〔君子無所爭 必也射乎〕"는 말까지 했다.

공자가 말하는 경쟁은 결코 승패를 꼭 가려야 하는 투기(鬪技)가 아니라 자기표현을 위한 뽐냄이요 뽐냄의 서로 겨룸이다. 뽐냄은 사람의 타고난 자기표현의 욕구인데, 자기표현에 성공한다면 그건 신명나고 즐거운 열락(悅樂)의 시간이 분명하다.

열락은 자칫 취하기 쉽고 지나치기 쉽다. 때문에 여기에 절제의 가미가 필수적이다. 공자가 이상으로 삼았던 세상의 모습, 곧 예악(禮樂)사회는 예와 악이 서로 조화롭게 어우러진 세상이다. "예절 가운데 열락이 있고, 열락 가운데 예절이 있다〔禮中有樂 樂中有禮〕"는 말이고, 그래야만 세상이 바로 선다는 뜻인데, 공자는 활쏘기야말로 예악 구현의 본보기라 보았다.

예악의 미덕을 활쏘기에 비유한 공자의 명상은 계속 이어진다. 《논어》 팔일편(八佾篇)에 "활쏘기는 굳이 과녁을 맞혀 뚫는 것에 주력하거나 능사로 삼지 않는다. 사람마다 힘쓰는 정도가 같지 않기 때문이며 이것이야말로 이상 시대였던 옛날의 법도요 예절이다〔射不主皮 爲力不同科 古之道也〕"[1]라고 했다. 백성들에게 일을 맡길 때는 각자의 능력이 같지 않고 또한 각자의 처한 상황이 같지 않기에 그들 형편에 맞게 해야 한다는 말로, 이는 힘만 숭상하는 기풍을 지양하려던 뜻이었다.

활쏘기가 이렇게 미화되었다 해도 활의 의미가 오롯이 인간성 교화(敎化)의 성전(聖典)으로만 여겨지지는 않았다. 무기의 냉엄함 때문인지 세상사의 비정(非情)도 곧잘 활에 비유했던 것. 중국 한나라 초기에 큰 공을 세운 군사 전략가였지만 지나친 입신이 오히려 재앙을 불러 멸족의 화를 입었던 한신(韓信, ?~기원전 196)의 탄식에도 활이 등장한다. "날랜 토끼가 죽으면 훌륭한 사냥개를 삶아 죽이고, 높이 나는 새가 모두 없어지면 좋은 활은 치운다. 적을 깨뜨리고 나면 지혜와 지모가 있는 신하는 죽게 된다 하더니, 천하가 이미 평정되었으니 내가 삶겨 죽는 것은 당연하구나!(《사기열전》, 회음후열전)"

사람 사는 세상에서 한신의 비운은 거듭될 운명이었다. 이를테면 1990년대 초에 우리 정치권은 우여곡절 끝에 여당 쪽에서 3당이 합당되고 이 덕분에 '문민정부'가 들어설 수 있었다. 정권이 출범하자마자 공유할 수 없는 것이 권력인지라 합당 공신이 여럿 내침을 당하는데, 그 한 사람이 쓸쓸한 심정을 '토끼를 잡은 사냥개가 죽임을 당한다' 는 뜻의 토사구팽(兎死狗烹)이라고 압축적으로 말해 권력의 비정함을 풍자했고, 이 말이 당시 식자들 사이에 널리 회자한 적이 있었다. 토사구팽의 대구(對句)는 조진궁장(鳥盡弓藏)이니 '새를 모조리 쓸어 잡고 나면 활은 접는다' 는 뜻이다.

이처럼 활은 치세는 물론이고 난세의 세상살이에도 비유되곤 했다. 비유에만 그치지 않고 난세를 치세로 이끌 수 있는 계략 또한 담고 있다는 점에서 활의 묘미가 내비친다. 인간사 모두가 균형에서 묘를 얻는다 하는데, 이 점을 활에서 착안했던 것이다. 약육강식이 엄연한 현실일수록 더불어 살아야 한다는 세상사의 도리를 강조하지 않을 수 없었으니, 노자는 《도덕경》에서 '강한 사람을 누르고 약한 사람을 부추긴다' 는 억강부약(抑强扶弱)의 미덕을 활의 작동법에 비유했다.

작동법이란 시위를 당기면 활의 상단부는 아래로, 하단부는 위로 움직임을 말한다. "하늘의 도는 활을 당기는 것과 같다. 높은 쪽은 누르고 낮은 쪽은 올린다. 남으면 덜어주고 모자라면 보태준다. 하늘의 도는 남는 데서 덜어내어 모자라는 데 보태지만, 사람의 도는 그렇지 않아 모자라는 데서 덜어내어 남는 데 바친다. 남을 만큼 많은 것을

도판2_ 염궁문, 경허, 컴퓨터 그래픽, 충남 서산시 천장사

가진 사람으로 세상을 위해 봉사할 수 있는 사람이 누구이 겠는가? 오로지 도 있는 사람만이 그렇게 할 수 있다〔天之 道 其猶張弓與 高者抑之 下者擧之 有餘者損之 不足者補之, 天 之道 損有餘以補不足 人之道 則不然 損不足以奉有餘 孰能有 餘以奉天下 唯有道者〕"고 노자는 타일렀다.

그러나 활이 갖는 함의의 궁극적 귀착점은 역시 개인 의 구원이었다. 구원에는 우선 시름을 날리는 것이 순서 다. 한말의 고승 경허(鏡虛, 1847~1912) 스님은 자신이 머 물던 충남 서산시 고북면의 연암산 천장사(天藏寺) 법당에 다 '念弓門(염궁문)'이라 적어놓았다.도판2 '생각의 화살을 쏘는 곳'이란 뜻이다. 번뇌를 화살에 실어 날려버리겠다 는 염원인 것이다(조용헌, 《사찰기행》).

보통사람들이나 수도하는 사람들이나 하나같이 자기 구원, 자아실현, 자기완성을 이루고 싶어한다. 자기완성을 동양 쪽에서는 득도라 한다.

도처에 득도의 경지가 있기 마련이다. '한 길은 만 길로 통한다'는 말처럼, 활쏘기에서 도달한 입신(入神)의 경지는 사람들이 골몰하는 다양한 세상사의 성취와 한길이다. 문자를 사용하는 세상사의 최고 경지는 시작(詩作)인데, 시작의 진선진미(盡善盡美)는 '말 한 마디에 목숨이 걸려있는' 경지다. 목숨이 걸릴 정도로 치열하게 적은 좋은 시는 결국, '큰 기교는 어수룩하게 보인다'는 대교약졸(大巧若拙)이란 노자의 말처럼, "어려울 것이 없으면서 깊이와 울림을 가지고 있어 소리와 깊이의 의젓한 균형(유종호, 《시 읽기의 방법》)"이 자리 잡고 있다.

　　일찍이 좋은 시 짓기는 신궁의 경지와 다를 바 없다고 했다. 빼어난 활솜씨를 일컬어 선사(善射)라 하는데, 중국 초나라의 선사 양유기(養由基)가 백 보 떨어진 버들잎을 백발백중으로 맞혔다는 고사를 빌려 좋은 시가 보여주는 노래가 바로 신궁의 경지와 한길이라 비유했다(유향, 《전국책》). 좋은 시인은 세상에 아무리 많은 말이 있어도 꼭 그 자리에 들어가야 할 한 마디뿐인 말을 찾아내어 읽는 이의 심금을 울리는 사람이고, 신궁은 과녁에 그려진 표적을 정확하게 때려 맞히는 사람이다. 전자는 독자 마음의 정곡을 찌르고, 후자는 저 멀리 과녁의 정곡을 찌른다. 이처럼 활쏘기에서 나온 말 '정곡(正鵠)'이 문학에도 유효하게 쓰이고 있음에서 문무의 이치가 다르지 않음을 알 만도 하다.

선사는 신궁 또는 명궁과 같은 말이다. 바로 '어진 활잡이'란 뜻이다. 빼어난 활잡이를 두고 '착하다', '어질다'라는 관형사를 붙인 것은 의미심장한 동양적 발상법이다. '양(羊)'자가 자간(字幹)에 다 같이 들어있음이 말해주듯이 한자에서 착함 또는 어짊[善]은 아름다움[美]과 같은 말이다. 그래서 좋은 글을 일러 선필(善筆)이라 하기도 하고 미문(美文)이라 하기도 한다.

아름다움의 우리말 유래에 대해 여러 설이 있다. 그 가운데 하나가 '나답다'란 뜻에서 온 것이라 한다. '내가 나답게 되는 것'이 아름다움이라 한다면 활쏘기는 '내가 나다운 나를 맞히는' 노릇이다. 그래서 활은 개인의 구원인데, 이런 개인의 구원이 쌓이면 사회에도 좋은 풍속이 쌓일 것이다.

역사 속의 활쏘기

정조대왕은 왜 마지막 화살을 허공에 날려버렸나?

활쏘기는 참으로 군자의 경쟁이니,
군자는 남보다 더 앞서려 하지 않으며
사물을 모두 차지하는 것도 기필하지 않는다.

활은 후기 구석기 시대에 생겨났다. 그렇다면 우리 한민족도 활을 가까이한 지 최단 1만 년, 최장 4만 년의 역사를 헤아린다고 추정해볼 수 있다. 이 땅에서도 20만 년 전의 중기 구석기 시대 또는 그 이전의 흔적이 확인되었기 때문에 하는 말이다.

역사적으로 활은 청동기 시대에 접어들면서 더욱 보편화했다. 한반도와 그 이웃의 청동기 문화는 기원전 1000~1500년경 즈음에 나타나는데, 그 시기는 고조선의 건국과 맞물려있다.

청동기 문화를 말해주는 화살촉 출토와 함께, 중국 사람들이 예부터 우리를 동이(東夷)족이라 지칭했던 문헌상의 지적도 우리의 빼어난 활 역사를 증거한다. 중국 대륙 동북부에 자리 잡은 동이족은 화하(華夏)족과 더불어 중국의 고대국가를 이끈 주역의 하나였다. 이들은 기원전 3세기에 중국 땅이 진나라, 이어서 한나라로 통일되면서 대부분은 한족(漢族)으로 동화되었고, 일부는 한반도로 파상적으로 이동해서 우리 한민족 조상의 일부로 합류했다.[2]

우리 한민족을 말하는 동이족이란 중화(中華) 동쪽에 사는 오랑캐가 아니라, '이(夷)'자의 파자(破字)가 '큰 대

(大)'와 '활 궁(弓)'임이 말해주듯 '동쪽의 큰 활잡이', 곧 대궁인(大弓人)이란 뜻이다. 풀이하면 활을 잘 쏘는 백성이란 말이다. 유물과 문헌의 지적을 종합할 때, 우리 활의 역사는 3000년 전후라는 분명한 결론이 나온다.

세계적으로 다양한 활이, 지역과 세월을 따라 선별적으로 진화하는데 우리도 마찬가지였다. 처음 단궁(檀弓)이라는 나무 활이 고조선 시대부터 한사군(漢四郡) 시대까지 널리 사용되었다. '향나무 단(檀)'은 지금 추정으로는 박달나무다. 고목이 되면 나뭇결이 경직되지만, 어린 박달나무는 탄력과 강도를 겸비한 까닭에 나무 활로 쓸 만하다.

이어 맥궁(貊弓)이 등장했다. 우리 옛 조상의 주류가 몽골족에서 분파되었다는 인류학적 규명이 방증하듯이, 몽골에서 영향 받은 것이다(정갑표, 《궁도》).

맥(貊)은 고대 한반도 땅, 더 구체적으로 고구려의 옛 이름이다. 오늘의 우리 각궁(角弓)에서 그 원형을 추정해 볼 수 있는 맥궁이 바로 고대 중국 사람이 진작 높게 평가했던 그 활이다.

중국 고문(古文) 하나에는 "오나라 손권에게 고구려가 사신을 보내서 각궁을 바쳤다"는 말이 나온다. 그 손권이 황제에 오른 때가 고구려 산상왕 26년인 서기 222년이었다는 점에서 각궁의 역사는 그 이전이었다고 분명하게 추정할 수 있다.

맥궁은 나무 활에 골각(骨角)을 덧댄 합성궁(合成弓, composite bow)이었다. 고구려 무용총의 수렵도에서 짐승 뿔을 붙인 단궁(短弓)의 온전한 형태를 엿볼 수 있는데, 길이가 80~90센티미터 정도로 궁체가 굽은 만궁(彎弓)이었다.도판3, 4 단궁이 주로 기사(騎射)에 사용되었음은 활을 쥐고 말을 탄 모습이 무덤 벽면에 그려진 데서 알 수 있다. 물론 기사 전용은 아니고 보병도 단궁을 사용했다.[3]

그러나 역사가 진행하면서 우리 활과 그에 얽힌 문화는 중국과 긴밀한 영향을 주고받는다. 우리 활이 중국 사람의 선매품(選買品)이 되는가 하면, 거꾸로 우리 각궁의 핵심재료인 물소〔水牛〕 뿔은 중국을 통해 가져온 수입품이었다. 활에 대한 명상은 물론이고, 활의 상부구조라 할 사법 또한 중국의 고전 병서(兵書)들을 많이 참조했다.

중국의 병서는 은(殷)·상(商) 시대에 태동하여 서주(西周) 시대에 탄생했고, 춘추 시대에 성숙했으며 명대(明代)에 흥성했다. 명 태조 주원장은 칙령을 내려 군관 자손들은 반드시 병서를 읽도록 했다. 그 가운데 《무경칠서(武經七書)》는 고관과 그 자제들의 필독서였고 숙지 여부를 확인하기 위해 시험도 쳤다. 《무비지(武備志)》는 명대의 중요 무예서의 하나다. 송나라 증공량(曾公亮) 등이 찬술하여

도판3_ 〈수렵도〉, 무용총 주실 서벽, 4세기 말~5세기 초

1044년에 완성한 총 40권의 군사기술서 《무경총요(武經總要)》, 척계광(戚繼光)이 지은 《기효신서(紀效新書)》 등을 참고해서 모원의(茅元儀)가 1621년에 저술했다. 여기에 사법이 다각도로 소개되었다.

우리 한반도 또는 한민족의 역사에 활이 구체적으로 처음 등장한 때는 고구려 건국 즈음이다. 주몽이 일곱 살 어린 나이에 대나무로 만든 활로 파리를 쏘아 잡았다며 《삼국사기》에 적기를 활 잘 쏘는 사람을 '주몽'이라 불렀다 한다. 주몽은 고구려를 건국한 고주몽, 곧 동명성왕을 말한다. 고주몽의 활은 나라를 세운 활이었다. 그 과정은

도판4_ 〈수렵도: 꿩사냥〉, 작자 미상, 종이에 채색, 50×31cm 8폭 부분, 19세기 말, 개인소장

고구려 고분 벽화에 빈번하게 등장하는 수렵 그림은 무용총 말고는 5세기 초로 추정되는 덕흥리 고분의 〈마사희도(馬射戱圖)〉가 유명하다. 수렵도는 조선 시대 민화의 좋은 소재이기도 했다.

도판5_〈활 잘 쏘는 주몽〉, 박수근, 종이에 수채, 26.7×20.2cm, 1950년대 중반, 박수근미술관 소장

일생을 무척 가난하게 살았던 '국민화가'가 자녀교육용으로 글을 짓고 그림을 그린 동화집의 한 장면이다. 주몽, 을지문덕, 낙랑공주, 호동왕자 등에 얽힌 고구려 설화를 직접 육필로 쓰고 그림 열두 점을 그려 묶었다. 이 그림들은 단순한 삽화라기보다 낙관도 하나하나 찍혀있는 완성된 회화 작품이다. 흔히 알려진 박수근의 화풍과 달리 명쾌한 사실주의와 과감한 단순화가 조화된 화풍을 보여준다.

국민화가 박수근이 쓰고 그린 동화집 한 대목 '활 잘 쏘는 주몽'으로 재현되어있다.도판5

"앞 새를 쏠까, 뒤 새를 쏠까?"

"뒤 새."

소년 고주몽은 말을 멈추고 활을 높이 들어 쏘았다. 살 꽂힌 새가 땅에 떨어졌다. 부여 나라 금와왕의 일곱 왕자와 여러 신하들이 주몽의 활 잘 쏘는 소문을 듣고 시기하며 죽이고자 하였다.

"주몽아. 사람들이 너를 시기하여 죽이고자 하니 속히 멀리 떠나라" 하고 주몽 어머니는 일러주었다.

주몽이 도망하여 엄체수(掩遞水) 강가에 이르니 배는 없고 잡으려는 군사들이 뒤를 쫓고 있다. 주몽은 하늘을 쳐다보고 도움을 빌었다. 이때 물 속에서 거북과 고기들이 물 위에 떠서 다리를 놓아 주몽을 무사히 건너게 해주고는 물속으로 들어가 버렸다. 무사히 강을 건너 주몽은 그 길로 졸본촌 땅에 가서 도읍을 정하고 고구려 나라를 세웠다.[4]

동명성왕을 잇는 다음 임금 유리명왕도 신궁이었다. 어려서 참새 잡기를 일로 삼다시피 했는데, 어쩌다 어느

아낙네의 물동이에 구멍을 냈다가 진흙 탄환을 쏘아 다시 막았다 한다.

고구려 건국 신화에 나오는 개국 주역들은 하나같이 활의 달인이었다. 그도 그럴 것이 고대국가에서도 정치의 소임은 '땅을 장악하는space-filling' 노릇이 으뜸이었는데, 더 넓은 땅이 품고 있는 먼 거리를 재빨리 극복하자면 오늘의 총이나 미사일에 해당하는 활이 제일 요긴했다. 정치가에게는 활을 잘 쏘는 것이 카리스마 축적의 지름길이었다는 말이다.

고대국가는 또한 신정(神政)국가였다. 나라의 통치는 백성의 현세 삶과 내세 삶을 아울러 관장하는 노릇이었다. 그래서 현세의 삶을 다스리는 세속적 지배에 더해서 내세를 약속하는 정신적 선무(宣撫) 또는 위협을 가함도 정치의 몫이었다. 고대 신라의 임금을 차차웅(次次雄)이라 별칭했는데, 이는 내세를 주관하는 카리스마의 화신, 곧 무당이란 뜻이다.

고구려 풍속에 매년 3월 3일과 9월 9일에 낙랑 언덕에서 돼지와 사슴을 제물로 삼아 천신(天神)과 산천신(山川神)에게 곡물의 풍요를 기원하는 제사를 지냈다. 그런 제의의 봉행에 앞서 집단적인 사냥이 벌어졌던 것은 제물로 쓸 짐승을 잡기 위함이었다.

정치는 내치의 안정과 더불어 외환(外患)을 막는 일이 막중했다. 그래서 《구당서(舊唐書)》는 고구려가 경당(扃堂) 같은 교육기관에서 독서와 함께 활쏘기를 가르쳤다고 적고 있다. 말을 타면서 쏘는 기사법은 전사 집단의 전문이었겠지만, 서서 또는 걸으면서 쏘는 보사법(步射法)은 일반 백성들도 널리 익혔다 한다.

그때 중국에서 수나라를 뒤이어 등장한 당나라는 위세가 로마제국에 못지 않았다. 그 당 태종이 645년에 고구려를 침공했다. 고구려를 지킨 것은 왕권을 실질적으로 장악하고 있던 연개소문(?~665)이었다. 연개소문 집안은 증조부 이래 대대로 높은 벼슬을 지냈고 하나같이 명궁이었다. 그의 휘하였던 안시성 성주 양만춘의 화살에 "당 태종은 눈을 맞아 그만 넘어지고 많은 군사들은 도망쳐버렸다."[5] 당나라가 통틀어 세 번이나 쳐들어 왔으나 모두 연개소문 때문에 뜻을 이루지 못했다. 이처럼 고구려의 활은 개국의 원동력이었고, 치세의 일등공신이었다.

활의 무기적 위력은 고려 시대로 이어진다. 여몽연합군의 일본 원정은 두 번에 걸쳐 이루어졌다. 1274년 1차 원정에서 900척 전함과 4만 명 병력의 여몽연합함대는 규슈에 상륙한다. 방어선을 구축한 일본 무사들을 치열한 전투 끝에 물리치고 그 기세를 몰아 연합군은 규슈 일대를 휩쓸었다. 당시의 주력 무기는 활이었던 바, 고려와 몽고의 활이 압도적인 위력을 발휘한 덕분이었다.

일본은, 지금도 그렇지만, 전통적으로 직선 길이 2미터 정도의 장궁(長弓)을 썼다. 대나무와 가래나무 두 가지로만 만든 이른바 복합궁built bow이었다. 반면 연합군의 활은 1미터 안팎의 짧은 활인데다, 물소 뿔, 쇠심줄(牛筋, 쇠심), 나무 등 성질이 다른 세 가지 이상의 재료를 혼합한 까닭에 탄력이 좋은 합성궁이었다. 우리 활이 일본 활보다 사정거리도 길고 관통력도 좋았음은 당연했다.

고려 활과 일본 활의 성능을 비교·검증하기 위해 세 발의 화살을 최근 시험해본 바 있다. 그 결과, 평균 사정거리가 전자는 185미터였는데 반해, 후자는 그 절반에도 미치지 못하는 80미터에 불과했다. 30미터 거리에서 2센티미터 나무판을 뚫는 관통력 실험에서도 고려 활은 정확하게 꿰뚫었지만, 일본 활은 뚫지 못하고 튕겨 나왔다.[6]

고려 말에 나라 방어의 선봉에 섰던 무장 이성계는 중국의 신흥 왕조 명나라를 공격하려고 조직된 요동정벌에 반기를 들고 위화도에서 회군해서 조선왕조 창업의 길로 들어선다. 그때 회군할 수밖에 없다는 '네 가지 불가(四不可)' 이유 가운데 하나로 "때가 바야흐로 더운 우기인지라

궁노의 부레풀이 녹음[時方暑雨 弓弩膠解]"을 들었다. 이 대목은 《고려사》권 137이 전하는 내용인데(국립민속박물관, 《한국무예사 총서2》), '궁노(弓弩)'가 활 관련 글들에 곧잘 노궁으로 잘못 바뀌어 적히곤 한다. 여기서 궁노란 개인화기인 노궁(盧弓)[7]과 공용화기인 노궁(弩弓), 일명 석궁 또는 쇠뇌cross bow라 하는 활을 아울러 말한다. 우리말 읽기는 같지만 앞의 활 노궁은 옻칠을 한 검은색 전투용 각궁이고, 뒤의 활 노궁은 나무 발사 장치에 각궁을 올려놓고 쏘는, 주로 성벽 방어용으로 쓰이는 활이다.

왕조를 창업할 정도로 출중한 태조 이성계의 행적은 신화가 되고도 남았는데, 신화의 중심에는 그가 신궁이었다는 사실이 자리 잡고 있다. 《태조실록》등이 전하는 바로 홍건적이 침입했을 때 적장 납합출(納哈出)을 활로 쏘아죽였다든지, 왜구와 싸울 때 깃을 단 화살로 왜적의 왼쪽 눈만을 쏘아맞혔다든지, 가파른 비탈에서 사슴을 쏘아 잡아 최영(崔瑩) 장군과 함께 안주로 먹었다든지, 송도 성문 밖에서 사냥할 때 꿩을 날아가게 한 뒤 나무로 만든 화살인 고도리살을 쏘아 잡았다든지 등의 일화가 전설처럼 전해온다. 우리글로 씌인 최초의 활쏘기 책 《조선의 궁술》이 나열한 이 땅의 역대 선사 명단에는 이태조의 할아버지와 아버지도 들어있다.

그처럼 이태조에게 득의를 약속해주던 활이 만년에 실의의 상징이 되고 만 것은 인간사의 아이러니가 아닐 수 없다. 궁중 음모를 일으킨 끝에 임금 자리를 차지한 태종이 나중에 부왕과 화해를 시도하지만, 함흥별궁에 머물던 태조의 응답 방식은 '함흥차사' 일화가 대신해준다. 태종이 보낸 차사(差使)가 별궁에 당도한다는 귀띔을 받으면 접근을 막는다며 그에게 활을 쏘아댔다.

　　이런 아이러니가 이태조에게만 그칠 일이 아니었다. 재력·권력의 의지 실현에 성공한 사람은 그 비상한 실현을 뒷받침했던 방식으로 망한다는 말이 있다. "칼로써 흥한 자, 칼로써 망한다"고 《성경》이 적었듯이, 전 대통령 박정희의 득세와 몰락이 다같이 군사적이었고, 정주영이 창업한 현대그룹의 성장이 '조국 근대화'와 베트남 및 중동의 특수로 말미암았는데, 그 퇴조 또한 '밑 빠진 독에 물 붓기'가 되고 만 빈껍데기 북한 특수에 기인하지 않았던가.

　　이 땅에서 활의 무기구실은 임진왜란을 겪으면서 신뢰성에 금이 가고 말았다. 일본은 전쟁을 준비하면서 주력 무기체계를 활에서 조총으로 바꾸었지만, 우리는 엄청난 전란을 겪고 나서야 활의 전투 능력이 특히 육전에서 더 이상 믿을 것이 못 됨을 알아차렸다. 지상전에서 활은 조총의 상대가 되지 못해 거의 백전백패였다(유성룡, 《징비록》). 여기엔 무엇보다 수목 사이로 몸을 은폐한 채로 발사할 수 있는 조총과는 달리 활은 전신을 노출시켜야만 쏠 수 있는 무기인데다, 목표물 조준도 조총은 간단한 훈련을 통해 가능하지만 활은 오랜 훈련을 통해 몸이 감각적으로 익혀야만 가능했기 때문이다.[8] 임진왜란이 일어난 1592년에 함경북도 길주에서 정문부(鄭文孚) 의병장이 이끈 의병들이 기사로 북진해온 왜군을 크게 무찌른 일은, 그래서 두고두고 기억할 만한 대첩이었다.[도판6]

일본의 데포(鐵砲)를 한국과 중국 쪽에서는 조총(鳥銃) 또는 총통(銃筒)이라 했다. 조총은 '나는 새도 맞혀 떨어뜨린다'는 뜻에서 나온 이름이다.[9] 임란 때 왜군 보병의 무장은 조총, 활 그리고 창이었다. 그 가운데 10~30퍼센트가 조총으로 무장했는데, 그것도 대부분 구경이 가장 작은 고즈쓰(小筒)였다. 오늘날 매년 실시하는 세계 구식총 사격대회에서 사거리 50미터 부문에 참가하는 선수들이 대부분 에도(江戶) 시대의 일본제 총을 사용하고 있음에서 미루어 짐작할 수 있듯이, 관통력과 명중률 등을 종합적으로 고려한 조총의 조준 사거리는 50미터였다.

왜군은 적과 대치한 육전에서 먼저 조총수가 사격을 하고 난 뒤 제2선으로 물러나 재장전하는 사이, 궁수가 활

을 쏘았다. 그 후 조총수가 다시 사격을 가하고, 적의 전열
이 흐트러지면 보병 뒤에 있던 창수(槍手)가 기병을 따라
진격하면서 백병전을 펼치며 전투를 마무리했다. 그때 왜
군이 사용한 활은 중심부는 나무이고, 바깥은 대나무로 완
전히 둘러싼 시호치쿠큐〔四方竹弓〕였다.

조총의 득세에도 불구하고 우리 활의 군사적 값어치가

도판6_ 〈창의토왜도(倡義討倭圖)〉, 《북관대첩도(北關大捷圖)》, 작자 미상, 종이
에 채색, 41.2×31cm 8폭 부분, 18세기 초, 고려대학교 박물관 소장

《북관대첩도》는 1592년 임진왜란이 발발하던 해에 함경북도 길주에서 관민
합동의 의병을 동원한 정문부 장군이 가토 기요마사〔加藤淸正〕가 이끄는 왜
군을 크게 무찌른 싸움을 기념하는 민화다. 그림 속 대장기가 꽂힌 성루에 앉
은 이가 의병장이다. 당시 우리는 육전에서 거의 백전백패하고 있었다. 이런
시국에서 거둔 북관대첩이었으므로 길이 기억되고도 남았다. 숙종 34년
(1708년), 현지에 승전을 기념하는 북관대첩비를 세웠지만, 국치의 을사년
(1905년)에 일본군이 파갔다. 오랫동안 군국주의의 요람 야스쿠니 신사에 방
치되었던 것을 특히 불교계가 앞장서서 절충한 끝에 꼭 100년 만인 2005년
가을 우리 쪽에 전달되었다.

그때 의병이 거둔 승리는 여진족의 잦은 출몰에 대비해서, 필요가 발명을
낳듯이, 생존이란 절박한 이유 때문에 군민, 남녀 가릴 것 없이 평소 궁력을
착실히 쌓았던 결과였지 싶다. 그림에 생생하게 나타난 기사는 조총이 널리
보급되기 전까지 궁술과 함께 조선의 대표적인 무예로서 무과에 적용되었다.
무과의 궁술 시험은 처음에 둥그런 적을 맞추는 방식의 기사(騎射)였다가, 임
진왜란 뒤에 사람 형상의 짚이나 풀로 만든 허수아비 추인(芻人)을 쏘는 기추
(騎芻)로 바뀌었다. 기사에 사용하는 단궁, 이른바 동개활〔弰〕은 작은 활이다.
동개〔韔〕는 활과 화살을 꽂아 넣어 등에 질 수 있는 장치이고, 여기에 쓰는
화살이 대우전(大羽箭), 일명 동개살이다.

완전히 사라진 것은 결코 아니었다. 해전(海戰)에서는 이전처럼 유효한 무기임이 입증되었다. 돌격선인 거북선을 뒤따르던 판옥선(板屋船)[10]에서 사부(射夫)들이 쏘아대는 활은 조준 사거리가 왜군의 조총보다 훨씬 길었기 때문에 미리 불화살 등으로 선제공격을 펼칠 수 있었다. 그리고 조선 수군이 보유한 화포(火砲)의 조준 사거리도 150미터 전후의 유엽전(柳葉箭)이나 편전(片箭)보다는 짧았지만 그래도 120미터에 미쳤다.[11]

지금의 경남 사천시 용현면 선진리 앞바다에서 펼쳐진 사천 해전(1592년 5월 29일)에서 "화살을 비 오듯 쏘아대고, 여러 가지 총통을 바람이나 천둥같이 어지럽게 쏘아대자 적들이 두려워 물러났다. 화살에 맞은 자가 몇 백인지 알 수 없고, 왜적의 머리도 많이 베었다. 왜선 13척을 불태워 없앴다"했고, 왜선 20척을 격파한 오늘의 통영시 산양읍 삼덕리 앞바다에서 펼쳐진 당포 해전(1592년 6월 2일)에서 "왜장이 화살에 맞아 떨어지자 여러 왜놈들이 한꺼번에 놀라 흩어졌다"했으며, 현재의 고성군 회화면 당항리 앞바다의 당항포 해전(1592년 6월 5일)에서 "왜선 26척을 한꺼번에 무찔러 깨뜨렸는데, 화살에 맞아 죽은 자가 얼마인지 알 수 없었다"고 충무공 이순신이 《난중일기》에 직접 적어놓았다.

임진왜란 이전에도 이미 충무공은 전투에서 위력을 발휘했던 궁력(弓力)이었다. 여진족과 대치하던 함경도 경성군의 국경 마을 조산보를 지키는 종4품 무관직인 만호(萬戶)를 지낸 1586년, 경성군의 북쪽 끝인 두만강 어귀의 작은 섬 녹둔도를 기습 공격한 여진족 수십 인을 유엽전으로 사살하는 전공을 세웠던 것이다(유성룡, 《징비록》).

왜란 발발 전후로 전라좌수영의 상하(上下)가 궁력 강화에 더욱 열심이었다. 충무공은 바쁜 공무 중에도 매일처럼 짬을 내어 활을 냈는데, 《난중일기》에서 활쏘기에 관한 기록이 270여 차례나 등장할 정도였다(박혜일 외, 《이순신의 일기》). 그 사이 궁덕(弓德)이 절정에 이른다. 특히 왜란이 일어난 그해 3월 28일자 《난중일기》에 솔포를 겨냥해서 열 순(巡)을 쏜 시수(矢數)가 연오몰기(連五沒技)에 이어 나머지 두 순은 각 4중 그리고 세 순은 각 3중을 기록해 모두 42중을 했다고 적었으니, 오늘의 기준으로 환산하면 궁도 8단을 훌쩍 넘는 궁력이다. 한 순은 다섯 대 화살로 한 번 사대(射臺)에 설 때 쏘는 분량으로, 몰기는 다섯 대 화살을 모두 맞히는 경지다. 오늘날 궁도 8단은 아홉 순 화살 마흔다섯 대 가운데 서른일곱 대를 명중시키는 기량이다.

충무공은 1593년 7월에 전라좌수영을 여수에서 한산도로 옮겼다. 그리고 바로 그 다음 달 8월에 전라·경상·

충청의 수군을 총지휘하는 삼도수군통제사에 올랐다. 거기서 스스로 습사하고 또한 부하들을 훈련시키려고 만든 활터는 그 짜임새가 유례없는 것이었다.

수군통제영이 있던 한산도의 제승당 뒤 활터가 바로 그곳. 지금은 한산정이라 부르는 이 활터는 바다 건너 과녁을 쏘는 사선(射線)으로 구성되어 있다. 이는 배에서 배로 화살을 쏘아야 하는 수군 사부들이 바다의 거리 감각을 익히도록 하기 위함이었다. 변화무쌍한 것이 바다인지라 만조 때가 되면 과녁이 가까이 보인다든지, 물때 따라 과녁까지의 거리감이 달라지는 현상에 적응시키려 함이었다. 사대와 과녁터 아래의 절벽 낭떠러지로 말미암아, 그리고 그 사이에 심연처럼 보이는 바닷물빛으로 말미암아 바다 위 사선은 지금 다시 보아도 거리가 실제보다 훨씬 길어 보인다. 충무공에 대한 흠모감에 푹 빠진, 활을 잡아 보지 않은 식자들이 145미터인 한산정의 사거리를 300미터가 넘는다고 잘못 적는 것은 그 때문이다.

한산도는 바다를 건너는 사선을 만들 수 있을 정도로 요철이 극심한 섬이다. "바다는 자루처럼 오목하게 섬의 안쪽을 파고 들어갔다"는 서사시적 소설 표현처럼(김훈, 《칼의 노래》), 섬 옆 곳곳에 다른 섬이 붙어있는 듯싶고, 섬 가운데 섬이 있는 듯 보일 정도로 개미허리 같은 지형이

점철하고 있다.^{도판7}

    게다가 바닷바람을 맞고 자란 대나무라야 속이 찬 좋은 화살을 만들 수 있다 했다. 바로 그런 시누대〔海藏竹〕가 자생하는가 하면, 병장구를 만들 수 있는 사철(沙鐵)의 채굴도 가능했던 점에서 한산섬은 빼어난 수군통제사가 점지할 만한 천혜의 요새였다. 왜란의 비상시국에서 군정과 민정을 총괄하던 도체찰사 이원익(李元翼)이 1594년 8월에 전선을 시찰하러 와서 충무공과 배에 함께 타고 한산도진을 두루 둘러보고는 "이 통제사는 큰 경륜을 가졌다"고 감탄했을 정도다. 충무공은 1593년부터 1597년까지 1340일을 삼도수군 본영인 한산도에 머물렀는데, 그의 우국충정이 생생하게 적힌 《난중일기》는 대부분 거기서 썼다.

    활의 무기적 위력에 대한 믿음에 더해 충무공은 심신 수련용으로도 활을 애용했다. 《난중일기》를 보면 시간 여유가 나면 많게는 서른 순을, 어떤 날은 하루 종일 활을 쏘았다(1594년 1월 22일과 9월 18일). 군무가 끝난 뒤에도 짬을 얻어 서너 순을 내기 일쑤였다. 전쟁 중에도 거의 매일같이 활을 쏘았고, 종군 중인 아들에게 활쏘기를 연습시켰는가 하면, "활쏘기를 겨루었는데 여도 만호가 7푼¹²을 이겼다(1595년 1월 25일)"고 일기에 적을 정도로 활에 심취했다. 뿐인가. "새벽꿈에 화살을 멀리 쏘는 사람이 있었다. 화살

도판7_〈통영 한산정 주변〉, 송영방(宋榮邦), 한지에 수묵, 18×27cm, 2005

통영에서 한산도로 들어가는 뱃길에서 보이는 제승당과 한산정 일대의 풍경을 부감(俯瞰)해서 그렸다.

을 멀리 쏘는 것은 적의 무리들이 도망가는 것(1596년 7월 10일)"이라고 해몽할 정도로 활꿈을 자주 꾸는, 요즘 말로는 활 마니아이고, 그 시절의 '진서(眞書)'로 말하자면 그림에 미친 사람을 화광(畵狂)이라 하듯이 '활에 미친' 궁광(弓狂), 또는 '활만 아는' 궁치(弓癡)에 가까운 분이었다.

충무공의 활쏘기는 예하 장수들을 통솔하는 방식이기도 했다. 놀이를 함께 즐기면서 친목을 다지는 오늘의 골프 모임처럼 부장(副將)들과 더불어 사회(射會)를 즐겼다. "늦게 삼도의 여러 장수들을 불러 모아 위로하는 음식을 대접하고 겸하여 활도 쏘고 풍악도 울리며 모두 취해서 헤어졌다", "사도(四道)의 여러 장수들을 불러 모아 활을 쏘고, 술과 음식을 먹였다. 또다시 활을 쏘아 승부를 겨루고 헤어졌다"는 《난중일기》의 기록(1596년 2월 5일과 6월 6일)처럼, 거의 전투 전용이던 그 시대에도 활쏘기가 상하동락(上下同樂)의 좋은 장치이고 그래서 부하들과 격의 없이 어울릴 수 있는 무던한 기회가 될 수 있음을 간파했기 때문이다. 계급의식이 엄격한 전통 사회이었을망정 놀이 성격이 강한 활쏘기를 통해 상하 간에 마음을 터놓을 수 있다면 부드러움이 강함이 될 수 있는 묘리에 착안했던 것.

그를 따르던 예하 장수들, 이를테면 부산포 해전(1592

년 9월 1일)에서 선봉에 섰던 녹도 만호 정운(鄭運)[13]은, 나중에 전라좌수사가 조정에 올린 전황 보고에서 말한 대로, "몸을 가벼이 여겨 죽음을 잊고 적의 소굴에 돌격하여 하루 종일 힘써 싸우다"가 적탄에 맞아 숨졌다. 이처럼 해전의 연전연승은 "신하된 자가 임금을 섬김에는 죽음이 있을 뿐이요, 다른 길은 없다〔人臣事君 有死無貳〕"고 다짐하던 통제사 밑에서 역시 "위기를 보면 목숨을 바친다〔見危授命〕"고 결의를 다지던 부하들이 있었기에 가능했다. 충무공의 탁월한 리더십은 이처럼 활쏘기를 통한 인간적 교감이 큰 도움이 되었던 것이다.

여러 사람과 함께 쏘는 습사에서 한 획(畫), 곧 열 순을 쏘자면 적어도 두 시간이 걸린다. 시름을 화살에 실어 날려버릴 요량의 한편으로, 충무공의 습사가 일발필살(一發必殺)의 기세로 왜적 격파를 유감(類感)하거나 다짐하는 시간이었을 것임은 우국시 '수국(水國)'이 대신 말해준다.

한 바다에 가을빛 저물고	水國秋光暮
찬 바람에 놀란 기러기떼 높이 떴는데	驚寒雁陣高
가슴에 근심 가득 잠 못 이루는 밤에	憂心輾轉夜
서릿발 달빛이 활과 칼에 비치네	霜月照弓刀

왜란을 통해 활의 무기 구실에 대한 신뢰는 떨어졌지만, 대신 개인의 심신 수련 도구로, 사회 공동체의 응집력 결속용으로 계속 활용됨에는 변함이 없었다. 개인의 수양과 사회집단의 예악용 의례로 부상한 것은 고려 말에 신유학이 수입·정착되면서다. 활쏘기가 유교적 측면에서 새롭게 해석되고 받아들여졌던 것(정재민, 〈한국 고전문학에 나타난 국궁〉). 《논어》, 《맹자》, 《예기》 등의 유교 경전에서는 활쏘기가 군신 모두에게 심신 수양의 좋은 방편이기에, 사례(射禮)를 익힌 군신이 '정처 없이 떠돈[流亡]' 경우는 없다고 강조했다. 다시 말해 활을 익히면 임금은 덕치를 펴서 세상을 성세로 이끌 수 있고, 백성은 품성을 순화할 수 있다는 것이다.도판8

활쏘기의 유교적 해석은 중국 주나라의 제도를 본받아 조선 시대에 임금이 성균관에 가서 옛 성인들에게 제향한 뒤 주관하던 대사례(大射禮)가 그 정점이었다. 대사례는 조선 시대 성종 때 처음(1477년) 열렸고, 그 뒤 중종 때 한 번(1534년), 그리고 영조 때 두 차례(1743년과 1764년) 시행한 기록이 남아있다. 중종과 영조가 거창한 나라 행사인 대사례를 연 데는 그럴 만한 까닭이 있었다. 거듭된 사화(士禍) 끝에 반정(反正)으로 임금 자리에 오른 중종에게는 민심 수습의 필요성이 절박했고, 당쟁의 소용돌이 속에서

도판8_ 박정희 전(前) 대통령의 시사, 진해시 벽해정(碧海亭), 1965년 4월 11일

직업군인이 되기 전에 사범학교를 다녔던 박 전 대통령은 좋은 교사를 만드는 전인교육을 착실히 받은 것으로 알려져있다. 일제 강점기의 사범교육 가운데 체육 종목으로 유도, 검도 등과 더불어 궁도도 배웠음직한 그의 이력은 여기 거궁 자세에서 엿볼 수 있다. 왼손으로 시위를 당기는 좌궁인데, 만작 상태에서 화살을 얼굴 볼에 제대로 붙인 모습이다.

국가 권력을 장악한 강력한 위정자이었을지라도 옆에 많은 구경꾼이 쳐다보고 있다면 평정심을 갖기 어려웠을 것이고, 그래서 화살을 과녁에 맞히기 어려웠을 것이다. 지난날 왕조 시대에 임금이 시사하면, 천하 선사이던 태조나 정조 같은 경우를 빼고, 사람 눈에 띄지 않는 곳에 활 잘 쏘는 신하가 몰래 서 있다가 같은 순간에 활을 쏘아 군왕의 체면을 세워주기도 했다 한다.

전통 시대에 활쏘기는 제례적 그리고 군사적 소용에 못지않게 군신(君臣) 모두에게 도덕성을 다짐하는 중요 도구의 하나였다. 국가나 사회의 지도자에게 도덕성의 연마와 제고는 현대사회도 다를 바 없다는 점에서 한 시대를 주도했던 최고 권력자가 활을 잡은 모습은 이 시대 국궁애호가들에게 기억될 만하다. 활터 벽해정의 한자 현판도 박 전 대통령의 글씨다.

겨우 임금 자리에 오른 영조에게는 임진왜란과 병자호란을 거치면서 실추된 왕권의 강화 내지 안정이 절실했던 것이다.

영조 19년인 1743년의 대사례는 윤4월 7일에 거행되었다. 중종 때에 대사례가 있은 지 무려 200여 년 만이었다. 활쏘기 중심의 관련 행사가 끝난 뒤, 임금이 직접 주관하는 과거인 전시를 시행하는데, 그때 내건 시제가 '희우관덕(喜雨觀德)'이었다. 연일 가뭄이 계속되다가 간밤에 단비가 내린 뒤 당일에는 날이 개였음을 유념한 제목이었다. 단비는 민생에 생기를 안겨주는 자연의 축복임을, 활의 별칭이기도 한 '관덕'은 나라를 다스림에는 군신이 다함께 '덕을 살피는' 노릇이 필수임을 암시한다는 점에서 '지성이면 감천'임을 확인하라는 시험 문제였던 것.

이때의 장면을 담은 그림 《대사례도(大射禮圖)》가 현존한다. 임금이 활을 쏘는 모습을 담은 〈어사도(御射圖)〉도판9, 종친과 문무관이 활을 쏘는 정경의 〈시사도(侍射圖)〉, 상벌을 내리는 광경의 〈상벌도(賞罰圖)〉가 들어있다. 거기에 "임금은 세 대가 맞았다"고 기록해놓았다.

도판9_ 〈어사도〉, 《대사례도》 중 1폭, 종이에 채색, 40.9×60.4cm, 1743, 고려대학교 박물관 소장

대사례에는 종친을 비롯하여 3품 이상의 문무관원이 참가했다. 행사 목적이 제사일 경우, 활을 쏘아 과녁을 맞힌 사람은 제사에 참석할 수 있고, 맞히지 못한 사람은 별로 제사에 참례할 수 없었다. 그리고 맞힌 사람에겐 옷이나 채단 같은 것을 하사하고, 맞히지 못한 사람에겐 벌주를 내렸다. 말이 벌주이지, 뜻은 나이든 신하들에게 늙음과 병을 잘 다스리라는 양로(養老)와 양병(養病)의 축원이었다.

이때 한 번에 쏠 수 있는 화살 수는 넉 대였다. 왕이 활을 쏘아 과녁 중앙에 맞히면 '획(獲)', 아래에 맞히면 '유(留)', 위에 맞히면 '양(揚)', 왼쪽에 맞히면 '좌방(左方)', 오른쪽에 맞히면 '우방(右方)'이라 외쳤다. 이들 가운데 '잡았다'는 뜻으로 '획'이라 외쳤음은, 활이 본디 수렵용에서 유래했음을 새삼 상기시켜준다. 이 연장으로 살받이 주변에서 적중 여부를 외치는 사람을 '획창(獲唱)'이라 했다.

그 밖에 조정에서 거행하던 사례로 문무고관 또는 지방관이 주관하는 소사례(小射禮)가 있었다. 조정에서 군신 상하 간의 친목을 도모하면서 그 구분을 명확히 하는 잔치였다. 그도 그럴 것이 사례를 행하기 전 먼저 베풀던 연례(燕禮)는 순서나 격식이 민간에서 행하는 향음주례의 마을 잔치와 동일했다. 다른 점은 향음주례가 어른과 어린 사람

사이의 차례를 밝히는 데 견주어, 연례는 임금과 신하 사이의 의(義)를 밝히는 것이었다.

　나라에 큰 제사가 있을 때, 국빈을 맞이할 때, 왕세자의 입학·책봉·대리청정 때, 그리고 친위대의 점검 때 행하는 것이 관행이었다. 의식 절차는 역시 《예기》 연의편(燕義篇)에 제시된 바를 교과서로 삼았다. 연례에서는 친한 사이라도 품계를 넘어 말해서도 안 되고, 개별적으로 술을 권할 수도 없었다. 지정된 순배에 따라 술을 받아 마실 뿐, 참석자들은 말문을 닫고 오직 군신 간 의리를 밝히는 왕의 치하나 위로의 말을 들을 뿐이었다.

　국가 비상시를 대비한 훈련 방법인 활쏘기는 개별적으로 남자의 덕행을 함양하는 데 요긴한, 육예(六藝)의 하나로도 매우 중시되었다. 육예는 고래로 중국에서 강조하던 군자가 갖추어야 할 여섯 가지 덕목인데, 우리 전통사회도 따라 배웠다. 예악사어서수(禮樂射御書數), 곧 예절, 지음(知音), 활쏘기, 말 타기, 글 읽기, 셈하기가 그것이다. '인균(人均)', 곧 사람을 반듯하게 만든다는 육예는 중세 서양의 대학에서 신사의 기초 소양으로 가르쳤던 과목(문법, 수사학, 논리학, 산술, 기하학, 천문학, 음악, 철학)과 상통하는 바 많다.

　육예 가운데 활쏘기는 특히 전통 시대가 요구하던 '덕

을 살피고 따지는' 관덕의 도구였다. 관덕의 의미와 중요성은 정조 임금의 활쏘기에서 절정에 이른다. 스스로 시서화(詩書畵) 삼절(三絶)이던 문예 부흥 군주 정조는 활솜씨도 입신의 경지였다. "태조 이래 활쏘기가 가법(家法)"이어서 힘써 정진한다고 직접 적었을 정도다. 태조에 이어 태종, 세조 등이 활쏘기와 말 타기에 탁월한 경지를 보였던 내력을 거론하면서 활쏘기가 집안의 전통이었다고 말한 것이다.

남아있는 활쏘기 기록에 따르면 정조는 조선 왕조 역대 임금 가운데 가장 출중한 신궁이었다. 일획(一畫) 또는 장획(長畫)이라 하는, 열 순의 화살 쉰 대로 49중 하기가 무려 열두 차례였는데, 처음 49중의 기록은 정조 16년이던 1792년 10월 30일에 창덕궁 후원 춘당대 활터에서 거두었다.도판10 세손 시절에 활쏘기를 열심히 했지만 임금이 된 뒤 10여 년은 내지 않았다가 1790년대에 들어 다시 활쏘기를 시작해서 그렇게 놀라운 궁력을 발휘한 것이다(김문식, 〈정조의 활쏘기 기록〉).[14] 49중의 경지는 이 시대 국궁 기준에 따르면 10단도 훌쩍 넘는다. 오늘의 기준에서 극상인 10단은 쉰 발 대신 마흔다섯 발을 갖고 41중을 하는 실력이다.

장획을 쏘아 49중을 달성하겠다고 마음먹은 경우에 정조의 습사, 곧 활쏘기 연마 방식은 특이했다. 일단 네 순

도판10_ 〈영화당친임사선도(暎花堂親臨賜膳圖)〉, 《준천계첩(濬川稧帖)》, 작자 미상, 1760, 이해철 소장(출처: 이해철 편저, 《청계천을 가꾸다》, 열화당, 2004)

영조 36년에 청계천을 준설한 기념으로 베푼 잔치의 일환으로 영화당에 친림하여 음식을 내린 모습의 그림이다. 지금도 현존하는 영화당 정자는 창덕궁 후원인 춘당대를 끼고 있는데 여기서 활쏘기 시합도 가졌다. 영조를 잇는 정조 당시에 군신이 곧잘 춘당대에서 활쏘기를 했다. 정조의 처음 49중도 춘당대에서 기록한 것이다. 그림 하단에 보이는 과녁은 솔포 하나, 동관 둘 그리고 기사용인 추인, 곧 허수아비 사람 과녁 여덟 개가 보인다.

스무 대를 모두 맞히면 다섯 째 순부터는 넉 대만 쏘고 한 대씩 남겨두었다. 다섯 째 순부터 아홉 째 순까지 넉 대씩 쏘아 맞히면 다섯 대가 남게 되는데, 이것을 아홉 째 순 다음에 모아서 한꺼번에 쏘았다.

마지막 열 째 순의 다섯 대 가운데 넉 대를 맞혀 49중에 이르면 매번 임금은 나머지 화살 한 대를 숲 속으로 쏘거나 정곡에서 빗나가게 쏘았다.도판11 그때마다 "활쏘기는 참으로 군자의 경쟁이니, 군자는 남보다 더 앞서려 하지 않으며 사물을 모두 차지하는 것도 기필(期必)하지 않는다"고 덧붙이곤 했다.[15] '완벽한 경지에 오르면 다음은 그보다 못한 것일 수밖에 없어 그랬다'는 이 말은 자신을 타이른 것이기도 하지만, 암시적으로 주변 사람도 듣게 하려 함이었을 것이다. 임금이 습사할 때면 필시 궁중을 지키는 어영대장 등 측근 장수들이 즐비하게 서서 지켜보았을 것인데, 고위 무관들이라 하지만 임금만큼 잘 쏜다는 보장이 없던 터에 신기의 임금 솜씨를 바라보는 장수들의 심기는 자못 민망했으리라.

그러니 마지막 화살을 그렇게 날려 보내는 정조의 활쏘기 방식은 바로 신하 체면 세워주기가 아니었겠는가. 세상사 경영의 지혜를 역사에서 배운다고 말하지만, 말이 그렇지 실제는 그렇지 못함이 조선 시대도 다르지 않아 200

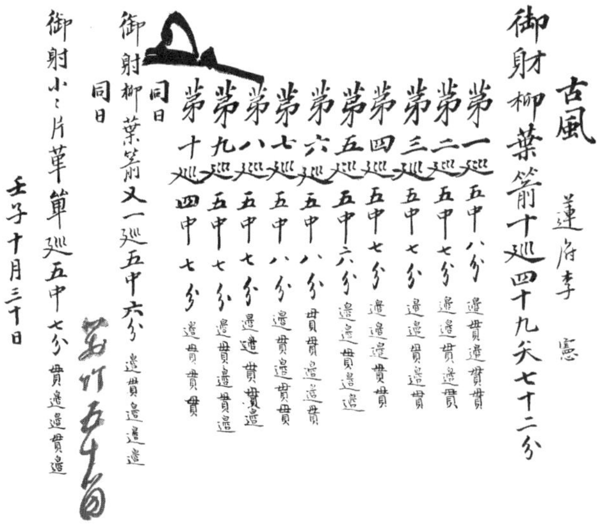

도판11_ 정조대왕 어사기(御射記), 종이에 먹, 42.5×62cm, 서울대학교 규장 각 소장

1792년 음력 10월 30일의 정조 임금 활쏘기 기록이다. 활을 쏜 횟수, 곧 순과 그 적중률을 적은 시지 상단 왼쪽에 정조의 수결(手決)이 보인다. 이날 춘당 대에서 열 순을 쏠 때 맨 나중의 한 대를 하늘로 날려 보낸 것을 빼고 49중에 72푼을 맞히었으니 관에 23중을, 변에 26중을 했다는 말이다.

어사기를 자세히 살펴보면, 매 순마다 화살 첫 대부터 마지막 대까지 관 또는 변으로 기록된 것을 확인할 수 있다. 같은 날 이어 두 순을 더 냈는데 모 두 과녁에 명중시켰다고 나와있다. 두 순 가운데 유엽전으로 쏜 한 순의 시수 는 관에 1중, 변에 4중을 했으니 10푼 만점에 6푼이었고, 통상의 과녁보다 작 게 만든 소소편혁(小小片革)에다 쏜 다른 한 순은 관에 2중, 변에 3중으로 시 수는 7푼이었다.

년 전에 임진왜란의 참혹한 병화(兵禍)를 입었음에도 불구하고, 또한 임금이 신궁이었음에도 불구하고 정조 연간에 임금을 직접 모시던 휘하 무관들의 활솜씨는 기대 수준에 한참 모자랐다.[16] 그래도 어쩔 것인가. 그들을 타이르면서 다독일 수밖에 없었을 것이다. 세상일은 윗사람이 다할 수 없고 직분에 따라 나누어 아랫사람들과 함께 일하기 마련이다. 윗사람은 아랫사람이 일할 수 있는 여지를 만들어줘야 한다는 점에서 시사하는 바 있다.

정조의 언급은 유래가 있는 말이다. 유향의 《전국책》에 적힌 고사에서 따온 것인데, 이런 내용이다. 초나라 신궁 양유기가 버들잎을 쏘아 맞추기를 백발백중하자 한 과객이 "참으로 잘 쏜다. 저만하면 궁술을 가르칠 만하다" 했다. 그러자 양유기가 발끈해서 "모두 잘 쏜다고 칭찬하는데, 당신만이 궁술을 가르칠 만하다고 하는 것이오. 그대가 나 대신 한번 활을 쏘아 솜씨를 보여주기 바라오"라 대꾸했다.

그러자 과객이 말하길 "나는 그대에게 지좌굴우(支左屈右)의 사법을 가르칠 수는 없소. 무릇 버들잎을 쏘아 백발백중시키는 솜씨를 가진 자라도 적당한 때 그만두지 않으면 끝내 기력이 쇠해져 활이 기울고 화살이 휘어지기 마련이오. 만일 한 발이라도 과녁을 비켜가는 일발부중

(一發不中)이면 이전의 공명이 모두 수포로 돌아가고 말 것이오" 했다. 여기서 지좌굴우의 사법이란 '왼손은 태산같이 버티고 오른손은 어린아이를 감싸듯' 하는 활쏘기 기법을 말한다.

《전국책》 책자가 이 땅에 전해진 때는 성종 연간이었다. 그 책을 두고 성종이 어떤 책이냐고 묻자, 신하는 난세였던 중국 춘추전국 시대에 나라 다스림의 지혜를 팔러 다니던 책사(策士)들의 일화를 모은 것이기에 안정된 조선 왕조에는 참고할 것이 없고 그래서 권장할 바 없다고 주청했다. 그러나 정조는 그걸 읽은 것이 분명하다.

완벽한 경지를 만나면 시정인의 표현은 "예술이다" 하고 감탄한다. 통속적인 표현인 듯싶지만 그 속에는 비범한 뜻이 담겨있다. 훌륭한 예술 작품을 만든 참예술가를 만나 "작품에 만족하느냐"고 물으면, 한결같이 "만족은 없다"고 단언한다. 인간 문화의 정수인 예술은 지고지선(至高至善)을 얻으려 함인데, 말이 그렇지 끝이 없다는 뜻이다. 그런 점에서 정조의 소회는 활쏘기가 기술이 아닌 예술이고, 끝없는 정진밖에 없다는 득도의 말이다.

앞서 관덕이 활의 별칭이라 했다. 관덕은 '내 탓이오'의 자책에서 출발한다지만 거기서 그칠 일은 아니다. 너그러움, 어짊, 착함, 넉넉함의 실현이 덕을 살피고 또 쌓는 일이다. 고래로 우리 민족을 일컬었던 동이의 '이(夷)' 자는 큰 활을 지칭함과 동시에, 본디 뜻에 '어질다(仁)'의 의미도 갖고 있다. 결국 그 속에는 "무용(武勇)적 측면과 인선(仁善)적 측면 두 가지 뜻이 공존해있다(한명희, 《우리 가락, 우리 문화》)" 했는데, 정조는 군왕으로서 두 가지 덕목을 모두 보여준 경우라 하겠다.도판12, 13

정조가 문무겸전(文武兼全)의 군주이었음을 말해주는 또 다른 물증은 그가 이덕무(李德懋), 박제가(朴濟家)에게 명해서 무술을 체계적으로 정리한 《무예도보통지(武藝圖譜通志)》를 발간한 사실이다. 중국 것이 아닌 우리 독자적 병서로 신라의 《무오병법》과 고려의 《김해병서》가 있었다지만 전하지 않았으므로, 정조가 1790년에 편찬토록 명한 이 책은 한반도 최초의 본격 종합무예서다. 이보다 200년 전인 선조 31년(1598년)에 중국 명대의 《무비지》를 토대로 문신인 한교(韓嶠)가 편찬한 《무예제보(武藝諸譜)》는 조선시대 최초의 무예서인 점은 평가할 만하지만, 창과 칼을 이용한 근접전에서 적을 죽이는 이른바 단병(短兵) 전술무예에 한정된 내용이었다.

한편 송나라 때 나온 《무경총요》를 참고한 《무예도보통지》는 창, 칼, 활, 곤봉을 구사하는 방법에 대해 도판과 함께 상술하고 있다. 도판 제작 작업에는 정조가 총애한

희대의 화원 단원(檀園) 김홍도(金弘道)가 참여했다고 알려져있다. 단원은 이덕무의 절친한 친구이기도 했다. 여기서 활쏘기와 관련된 내용은 기사에 대한 것이 전부다.

보사 내지 입사 관련의 활쏘기 기법 전문 책은 중국 문헌을 다수 참조하여 역시 정조 재위 때인 1799년에 발간한 《사법비전공하(射法秘傳攻瑕)》가 유일하다(이종화 엮음, 《활쏘기의 비결》). 이 교본은 중국 명나라 때 나온 《무경사학입문정종(武經射學入門正宗)》(1638년)을 토대로 청나라 때 주용(朱庸)이 새로 편집한 《무경칠서휘해(武經七書彙解)》의 부록을 가져와 평양감영에서 그대로 펴낸 것으로, '공하'는 '구슬을 다듬다'라는 뜻이다. 지금 말로 하면 '연습'이란 뜻이기도 하고, 기왕의 관련 사법을 정선(精選)했다는 뜻이기도 하다.

그런데 우리 민족이 역사적으로 활을 잘 쏘았다는 것을 자타가 공인함에도 불구하고 사법 관련의 고유 문헌이 전무한 채로 중국 문헌에만 의존했다는 사실은 일종의 미스터리라 할 만하다. 짐작컨대 역시 한문은 우리 옛 무사들이 통달하기 어려운 외국어였던 까닭에, 사법 문헌을 독자적으로 정리하지 못했지 싶다. 조선 시대에 출간한 《무예제보》나 《무예도보통지》를 모두 문신들이 꾸몄던 반면, 중국 대표적인 무예서 《기효신서》는 우리의 충무공에 비

도판12_ 〈득중정어사도(得中亭御射圖)〉, 《정조대왕능행도》 8폭 병풍 중 제6폭, 작자 미상, 종이에 채색, 214.5× 73.5cm, 1795, 국립고궁미술관 소장

정조는 회갑을 맞은 어머니 혜경궁 홍씨를 모시고 1795년 여드레에 걸쳐 화성으로 행차했는데, 6일째인 윤2월 14일에 득중정 활터에서 활을 쏘았다. 유엽전으로 터과녁에 여섯 순 서른 대를 쏘아 24중 28푼, 솔포에 손바닥만한 가죽 장혁(掌革)을 붙여 한 순 3중에 4푼, 관과 변의 구별이 없는 작은 베 과녁에 다섯 순 24중을 했다. 이어서 밤에 활을 쏘는 야사(夜射)도 했는데 그림은 이 야사 장면을 그린 것이다. 그림 아래쪽에 오늘날 중요 기념행사 때 터뜨리는 폭죽의 옛날 방식인 매화포(埋花砲)가 터지고 있다. 그래서 낮처럼 밝게 그려졌다. 이때는 유엽전으로 터과녁에 두 순을 쏘아 5중 6푼의 시수를 올렸다(수원시, 《원행을묘정리의궤(園幸乙卯整理儀軌) 역주》, 1996).

정조는 평소 적중률을 높이기 위해 나무 막대기에 종이를 그려 붙이거나, 솔포에 장혁을 붙여놓고 습사를 했는데, 이런 활쏘기 정진이 시수에 그대로 나타난다. 득중정 습사에서 재미있는 사실 하나는 임금과 함께 쏜 신하들의 시수를 적을 때 좌궁인지, 우궁인지도 함께 기록했다는 점이다. 좌우궁 비율이 4 대 6이었다고 적었는데, 오늘날 활쏘기 시지 어디에도 좌우궁을 나누어 적는 관행을 찾아볼 수 없다는 점에서 그 기록 정신이 놀랍다. 참고로 요즘 우리 활터에서 산견되는 비율은 2 대 8 정도라 한다.

도판13_ 《득중정어사도》, 《원행을묘정리의궤》, 목판 그림, 34.3×22.1cm, 서울대학교 규장각 소장

인쇄용 목판본으로 제작했는데 도판12의 일부가 재현되어있다.

견줄 만한 명장 척계광[17]이 편찬했다는 사실이 바로 그 점을 방증해준다.

하지만 활이야말로 역사적으로 우리가 꽃피운 문화임이 분명하다. 공간 확산 또는 이동의 결과로 문화 또는 문명이 싹을 틔운 곳과 꽃을 피운 곳이 다르기가 예사인데도 우리 활은 문물을 일으킨 역사와, 문물을 잘 계승·발전시킨 역사가 일치하는 희귀한 경우가 되었다.

그 사이 발달 과정에서 재료나 문헌 등을 중국 등지에서 가져오기도 했고 심지어 완제품을 사오기도 했다. 이를테면 명나라 건강(建康)이 만든 활이 우수하다고 전해 들은 조선왕조는 태종 17년에 그가 제작한 각궁을 중국에서 사왔다(우다가와, 〈조선 시대 활의 제작과 궁재의 확보〉).

이런 교류에 힘입어 한민족은 활을 우리 고유의 문화로 만드는 데 성공했다. 조선 왕조 중기의 문신 이수광(李晬光)이 지은, 우리나라 최초의 백과사전인 《지봉유설(芝峯類說)》에서 "조선의 편전과 중국의 창법과 일본의 조총은 천하의 제일이라, 일인(日人)이 칭도(稱道)했다"고 적었던 것은 그런 내력을 말해준다.

편전이란 짧은 길이의, 유엽전 축소 모양인 아기살[童箭] 또는 아기살을 쏘는 방편을 말한다. 80센티미터 전후 길이의 참나무 또는 대나무 통인 통아(桶兒, 筒兒)를 총신으로 삼아 거기에 36~50센티미터 길이의 아기살을 넣고 각궁에 걸어 발시한다(육군박물관,《한국의 활과 화살》). 무과 시험에서 편전은 130보(156미터) 떨어진 과녁을 쏜다 했으니, 조준 사거리가 120보의 유엽전보다 조금 더 길었다. 무엇보다 저격용이 될 정도로 명중률과 관통력이 좋았고, 적군이 화살을 주워도 길이가 짧았기 때문에 다시 사용할 수 없음이 장점이었다. 그래서 조선왕조 초기에 외인(外人)들이 일명 '통전(筒箭)'인 편전 연습 광경을 볼 수 없도록 보안에 철저를 기했다 한다(김후,《활이 바꾼 세계사》).

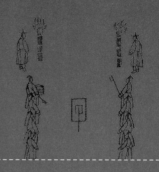

근대 국궁의 요람, 황학정

조선왕조의 정궁을 이웃하고
대한민국 정부중앙청사를 바라다보는 명당 넓은 땅에
황학정이 예대로 이어짐은
우리 활쏘기 역사가 아름다우면서도 무거움을 말해준다.

비록 지상전투에서 쓸모가 거의 사라진 활이지만, 유례없는 환란을 뼈저리게 겪은 선조는 공동체를 지키자면 '무용을 소중히 여기는' 상무(尙武) 정신을 진작해야 함을 뒤늦게 통감했다. 그래서 왜란 때 불타버린 경복궁 건춘문 안에 활터 오운정(五雲亭)을 세우고 민간에도 개방했다. 이 사실은 활쏘기가 이전에는 오로지 무기체제의 일환으로 관설 사정(官設射亭)에서만 이루어졌음을 의미한다. 활쏘기는 선비의 덕목인 육예의 하나로 여겨졌지만 그건 오로지 지배 계층의 해당 사항이었다는 말이다.

오운정의 개정(開亭)은 범부도 생활 속에서 활쏘기를 즐길 수 있음을 말해주는 공식적, 공개적 선언이었다. 이를 계기로 민간의 활쏘기가 활발해진 결과, 19세기 중반에는 서울 도성 안팎에 무려 마흔여덟 곳이 될 정도로 민간 사정이 즐비했다. 이어서 사정, 곧 활터 사이에 기량을 겨루고 친목을 다지는 편사가 성행했다. 사정끼리 기량을 겨루던 터편사〔亭便射〕, 서울 도성 안에서 청계천을 기준으로 남북의 활터를 나누어 활 기량을 겨루던 골편사〔洞便射〕 등이 성행했다. 마침내 도성 안팎 장안의 모든 활터가 겨루는 '장안편사'도 등장했다. 이 풍조는 개성, 인천 등지의 경기도 일원으로도 퍼져나가 농촌에서도 활쏘기가 놀이문화로 자리 잡았다. 이렇게 활쏘기를 좋아했으니 1885년부터 1년 동안 한반도 곳곳을 여행한 러시아 장교들이 "조선인들은 다른 사람들이 모방할 수 없을 정도로 활을 잘 쏘았다"고 적을 만했다(카르네프 외, 《내가 본 조선, 조선인》).

그러나 한말에 국운이 급격히 기울면서 활도 찬 서리를 맞는다. 무엇보다 갑오경장(1894년)을 계기로 활이 군대 무기체제에서 완전히 배제됨에 따라 무과를 지망한다며 활쏘기에 매달렸던 청년들이 민간 사정에서 대거 이탈했다. 활쏘기는 개화에 어울리지 않는 구습(舊習)으로 몰리고 만 것이다. 각 지방의 관설 사정은 모두 폐쇄되었고, 동호인의 발길이 끊긴 민간 사정 역시 더 이상 지탱할 수 없어 속속 문을 닫고 말았다.

그렇게 사라지던 활이 또 한번 기사회생을 맞는다. 1899년에 광산 투자의 가능성을 살피러 온 독일 프로이센 황제 빌헬름 2세의 동생 하인리히 친왕Prinz Heinrich von Preussen[18]이 고종황제를 알현한 자리에서 우리 고유 무술을 보고 싶다 하자, 궁술이 마땅하다며 활을 한동안 접고 있던 명궁들을 급히 불러 시범을 보이게 했던 것이다.

독일 친왕이 빼어난 궁술에 대해 경탄해 마지않자, 이에 고무된 고종은 궁술을 새삼 장려하는 칙령을 내렸다. '남은 나를 살피는 거울'이라는 말처럼, 대한제국의 뒤늦은 깨우침에는 다른 나라의 높은 평가가 자극이 되었다.[19] 비록 무기체제에서는 빠졌을망정 국민의 심신 단련용으로 궁술이 마땅하다며 고종은 우선 솔선수범하여 1899년에 경희궁 안에 황학정(黃鶴亭)을 열었다.[도판14]

황학정의 이름이 말해주듯이, 활쏘기는 곧잘 학에 비유되었다. 쏜 순간 활을 잡은 줌손이 앞으로, 시위를 당긴 깍짓손이 뒤로 퍼져나가는 모습이 학 날갯짓을 닮은 데다, 학으로 상징되는 선비 또는 군자가 갖추어야 할 덕목에 활쏘기가 필수였기 때문이다. 그런 선비들의 어른인 고종이 누런 곤룡포를 입고 활을 쏘는 모습이 마치 춤추는 황색 학을 연상시킨다 해서 황학정이라 했다 한다.[20] 이 인연으로 이름 가운데에 '학(鶴)' 자가 붙은 우리 활터는 무려 열네 곳을 헤아린다.

황학정 건립이 불씨가 되어 한 세대 만에 궁술은 평안남북도와 황해도를 빼고 전국적으로 다시 되살아났다. 기독교가 일찍 자리 잡았던 서북지방은 구습타파의 개화 열기가 높았고, 이 연장으로 궁술도 구습의 하나로 비하했던 까닭에 거기서는 활이 발을 붙이지 못했다.

3·1운동 이후 씨름, 그네와 함께 활쏘기도 높은 대중
적 인기를 누리는 구경거리가 되었다. 3·1운동이 불러온
일본의 대한(對韓) 유화정책에 맞물려 민족의식이 고조되
던 사회 분위기가 우리 고유문화에 대한 인식을 긍정적으
로 자극한 결과였다. 1920년대에 동아일보사 등이 궁술

대회를 개최하는데, 그 흥행성을 높이기 위해 기생 궁사들까지 동원했다.

　마침내 1928년에는 중앙기독교청년회가 주최하고 〈동아일보〉가 후원하는 제1회 전조선궁술대회가 개최된다. 나라마다 국기(國技) 스포츠가 있다는 의식이 낳은 우리 사회 나름의 주체적 대응이었다. 구습이라며 활쏘기를 경원했던, 서북 지역 출신이 많았을 법한 기독교 개화파들도 결국 민족성 진작에 눈을 돌리면서 활쏘기의 전국 대회 개

도판14_ 〈북일영도(北一營圖)〉, 김홍도(1745~1806?), 종이에 수묵담채, 32.3×43.7cm, 18세기 후반, 고려대학교 박물관 소장

북일영은 지금의 서울 사직동에 자리했던 훈련도감의 분영으로 경희궁 무덕문 밖 군자정 옆에 있었다. 18세기 서울의 모습을 상세하게 담은 지도 《도성대지도(都城大地圖)》(서울역사박물관, 2004)에 따르면 지금의 사직터널과 독립문 사거리 사이에 있었다고 생각된다. 그림을 소장한 고려대학교 박물관《조선 시대 선비의 묵향》, 1996)은 북일영이 있던 곳이 서울 계동 근처라고 달리 해설하고 있다. 그러나 해설처럼 관상감은 계동뿐 아니라, 무덕문 바로 아래인 지금의 행촌동에도 또 있었다. 옛 지도의 표시대로라면 1899년에 고종의 명으로 처음 덕수궁 모서리에 터를 잡았다가, 곧이어 경희궁 북쪽 기슭에 신축했다는 황학정 자리는 북일영 터와 거의 일치한다. 북일영 활터에는 뒤에 끈이 붙어있는 것으로 보아 솔포인 듯한 과녁 하나가 서있다. 후는 상단에 이괘(離卦)가, 가운데는 베로 만든 둥근 모양의 정(正) 아니면 가죽을 부착시킨 곡(鵠)이 그려져있고, 정곡 가운데 다시 작은 흑심(黑心)이 있다. 솔포에 그린 이괘가 방위는 정남향을, 뜻은 광명과 정열을 상징한다 하는데, 집의 좌향(坐向)으로 짐작하면 역시 정남향이 분명하다. 과녁 모양이 영조 때인 1760년 4월 16일에 청계천 준설 공사 뒤의 활쏘기 광경(도판10)과 같다.

최에 앞장섰다.

전조선궁술대회를 조직할 즈음인 1928년에 조선궁술연구회가 발족했다. 이듬해 연구회는 우리 활쏘기 역사에서 가장 기념비적인 성취라 할 만한 《조선의 궁술》 교본을 발간한다. 이 연구회의 본거지가 바로 황학정이었다.

그 뒤 1932년에는 조선궁술연구회가 조선궁도회로 이름을 바꾼다. 술(術)을 도(道)로 개명하게 된 까닭은 무(武)를 숭상케 하려는 일본 군국주의의 압력이 작용한 탓이었다 한다(황학정, 《황학정 백년사》). 식민정책이 일관되게 우리 문화를 억압하던 시절에 생긴 일이긴 했지만, 단어로만 따진다면 궁도가 한결 궁술보다 높은 차원의 의미로 읽히는 것도 사실이다. 궁술의 '술(術)'은 단지 활쏘기 기량에 대한 무술적 관심이지 싶지만, 궁도의 '도(道)'라 함은 활을 인간수양의 한 방식이라 본다는 뜻이다.

비슷한 경우로 글쓰기를 동북아 삼국 가운데 중국은 서법(書法), 한국은 서예(書藝), 일본은 서도(書道)라 부른다. 서도라 할 때는 '붓 끝은 뼈끝'이란 말처럼 인간수양의 한 방편으로 본 단어이고, 서법은 글쓰기의 엄격함을 강조한 용어이며, 서예는 글쓰기의 예술성을 강조한 말이다. '화살 끝은 뼈끝'이라 했으니 활쏘기도 도라 부름이 그럴싸하다. 그래서 이즈음 대체로 궁술은 활쏘기 기술을, 궁도는 활쏘기 안팎의 인품 닦기를 강조하는 말로 정착했다.

조선궁도회는 해방된 이듬해에 조선궁도협회로, 다시 대한민국 정부가 수립되던 그해 1948년 8월에는 대한궁도협회로 이름을 고쳤다. 1966년까지 황학정에 본부가 있었던 궁도협회의 주도로 우리나라는 국제양궁연맹FITA에 가입했다. 북한이 이미 1961년에 국제연맹에 가입했다는 사실이 알려지자 우리도 부랴부랴 서둘러 연맹에 가입한 때가 1963년 7월 27일이었고, 이를 계기로 같은 해 10월 20일에 한국일보사가 주최한 제6회 전국활쏘기대회에 양궁 30미터 종목도 추가됐다.

하지만 당시 나라 살림이 궁색했던 까닭에 올림픽 경기 말고는 체육 선수들의 여권 발급이 어려워 해외 대회 참가는 거의 불가능했다. 이 사실을 안 제3공화국 집권자가 편의를 제공하겠다는 약속을 하고, 대한궁도협회장이 여비를 부담해서 1963년에 처음으로 헬싱키에서 개최된 세계양궁대회에 참관차 나갔다. 일제가 경희궁을 철거함에 따라 1922년에 인왕산 자락 사직동의 옛 등과정(登科亭) 자리로 옮겨온 근대 국궁의 요람 황학정도판15, 16이 나중에 세계를 제패하는 우리 양궁의 산실이기도 했다는 말이다.[21]

도판15_ 황학정 현판, 이승만, 63×123.5cm, 1958

활의 유구한 역사에 관심이 많아 지방 시찰을 가면 활터를 둘러보곤 했던 이승만 전 대통령이 1958년 4월 19일 황학정을 찾았다. 이날이 나중에 이 대통령에게는 운명의 날이 되고 만 것은 역사의 아이러니가 아닐 수 없다. 자유당 정권 몰락에 결정타를 가한 4·19 혁명이 일어나기 꼭 2년 전이었기 때문이다. 나라 다스림에 관덕 대신 부덕이 첩첩이 쌓여 쫓기듯이 하야할 수밖에 없었던 초대 대통령은 현대 동아시아 정치사에서 중국의 마오쩌둥에 비견될 만한 명필이었다. 황학정을 찾은 날에 휘호했는지는 확인할 길 없지만 현판 글씨는 그해 쓴 것이다.

도판16_ '등과정' 석각, 정치석(定置石)에 음각, 55×119cm, 1890, 서울 황학정 소재

　　동이족 이름에 값하는 이런 성취가 인왕산 지기(地氣)와 무관하다 할 것인가. 황학정 활터를 품은 인왕산은 바위 덩어리 골기(骨氣)가 빼어난 산이다. 그래서 명산대천(名山大川) 예찬이 직업인 시인 묵객 가운데서도 내 나라의 아름다움을 줄곧 화폭에 담아온 인물로 유명한 겸재(謙齋)

정선(鄭敾, 1676~1759)이 〈인왕제색도(仁王霽色圖)〉를 그리지 않을 수 없었을 것이고,^{도판17} 매일처럼 궁궐에서 곧바로 건너 보이는 산의 늠름한 자태를 바라보며 문예 군주 정조가 〈인왕에 올라〉라는 한 수 시를 노래하지 않을 수 없었을 것이다.

<blockquote>
하늘가에 우뚝 솟아

서쪽을 진압하는 산이여   際天嶷嶷鎭西山

아름다운 기운이

넓은 대지에 길게 머물렀네   佳氣長留大地寬

성세의 번화한 곳이

이 경계가 제일이라   聖世繁華玆境最

필운의 꽃버들에 끌리어

돌아가길 잊네그려   弼雲花柳憺忘還
</blockquote>

'필운'이 별칭인, 서기 어린 인왕의 산자락에 자리 잡은 덕분에 황학정은 전국에서 가장 아름다운 활터 가운데 하나로 꼽힌다. 명산이 명소를 낳는다는 말이 허사(虛辭)가 아님을 말해주는 물증이 아니겠는가. 인왕산 아래 새로 자리잡은 활터의 아름다움은 황학정 옛 사우들이 '황학정 팔경(黃鶴亭八景)'을 노래하고도 남았다. '백악, 곧 북악산

도판17_ 〈인왕제색도〉, 정선, 종이에 수묵, 79×138cm, 1751, 호암미술관 소장

우리 역사 이래로 계속 된 중국화 답습 관행을 뛰어넘어, 우리 산야의 아름다움과 당당함을 증거해준 동국진경(東國眞景)화풍의 전개가 겸재의 공덕이다. 겸재는 한때 인왕산 자락인 지금의 서울 종로구 청운동에서 살았다. 그림은 조선 시대 인왕산의 웅자인데, 왼쪽의 연봉(連峰)으로 내룡(來龍)하는 산자락에 황학정이 있다. 황학정의 전신인 등과정, 등룡정, 대송정, 풍소정 등 인왕산 기슭에 활터가 무려 넷이나 19세기 말까지 자리 잡고 있었다.

을 감돈 맑은 구름[白岳晴雲]', '자각, 곧 자하문(紫霞門) 문루를 밝히는 가을 달[紫閣秋月]', '인왕산 모자 바위에 비친 석양[帽巖夕照]', '방처럼 걸린 인왕산 능선의 아침 햇

도판18_ '황학정팔경', 자연석에 음각, 49×57cm, 1928, 서울 황학정 자료

인왕산은 조선 시대에 산놀이하는 서울 도성 안 사람들이 쉽게 찾을 수 있는 산경(山景)이었다. 석각의 내용 모두 인왕산과 그 산자락의 아름다움을 노래한 것이다. 1928년 가을에 글을 짓고 쓴 손완근은 황학정 사원으로 《조선의 궁술》 발간에 참여한 발기인 36명 중 한 사람이었다. 하지만 풍속이 옛날 같지 않아 팔경 가운데 사라지고 만 것이 절반이나 된다. 팔경에 들지 않았지만 활터 위로 꿩이 날아드는 광경인 '산치비래(山雉飛來)'만은 변치 않았다.

살〔榜山朝暉〕', '사직단의 노송〔社壇老松〕', '경복궁 담장 들머리 배수구 둑을 따라 늘어선 수양버들〔御口垂楊〕', '금교, 곧 금청교(禁淸橋) 다리 아래서 들려오는 물소리〔禁橋水聲〕', '필운대를 물들인 단풍 색깔〔雲臺楓光〕'이 바로 팔경이다.^{도판18}

팔경 가운데 백악, 모자 바위, 방처럼 걸린 산 같은 자연경관은 예대로 아름다움을 뽐내고 있다. 더해서 인왕산

도판19_ 〈사직송(社稷松)〉, 정선, 종이에 수묵, 61.8×112.2cm, 18세기 중반,
고려대학교 박물관 소장

사직단에 있었던 노송은 반송(盤松) 계열로 보인다. 천연기념물로 지정된 경
북 예천군 감천면의 석송령(石松靈)이나 경북 청도군 운문면 운문사의 자랑
인 노거수(老巨樹)와 많이 닮았기 때문이다. 황학정 팔경에 든 것으로 보아
'사직단의 노송'이 20세기 초반까지는 살아있었음이 분명하다.

에서 내려오는 두 가닥 산줄기 사이의 협곡에 둥지를 틀고
있는 덕분에 산줄기 사이를 활강하는 꿩의 아름다운 자태
를 습사 도중에 종종 목격할 수 있는 '산치비래(山雉飛來)'
는 황학정의 변치 않은 아름다움이다.

반면, 현존하는 창의문 아래의 청운동 끝자락에 있던 자하문을 가리키는 자각이나, 경복궁 영추문 앞에 있던 금청교를 가리키는 금교 같은 건축물은 흔적을 찾을 길이 없다. 그나마 사직단의 노송도판19과 필운대의 모습도판20은 조선 후기 문예부흥 시절에 영조가 총애한 화원 정선이 필적으로 남겨놓아 옛 정취를 짐작할 수 있음이 여간 다행스럽지 않다.

왕조 시대에 인왕산은 활량들에게 친숙한 것 이상으로 산놀이에 나선 서울 도성 안 사람들에게도 가까운 산경(山景)이었다. 현대에 들어 서울의 시가지가 크게 확산되는 도시화의 소용돌이 속에서 인왕산은 한결 서울시민 발길 가까이로 다가왔다. 조선왕조 정궁(正宮)인 경복궁 바로 이웃에 그리고 대한민국 정부중앙청사 바로 뒤에 자리한, 도시경제적 쓸모가 많은 요지(要地)인 인왕산의 넓은 땅이 활터로 계속 존치되고 있음에서 우리 활쏘기의 역사가 아름다우면서도 무거움을 실감하고도 남는다.도판21

도판20_〈필운대(弼雲臺)〉, 정선, 종이에 수묵담채, 33.5×29.3cm, 18세기 중반, 간송미술관 소장

중종 때 조선에 왔던 명나라 사신이 멋대로 인왕산을 필운이라 고쳐 불렀다는데 이 이름은 나중에 인왕산의 맨 남쪽 봉우리를 가리키는 말이 되었다(최완수, 《겸재의 한양진경》). 그림은 백사(白沙) 이항복의 옛 집터와 그 주변 일대다. 백사의 공직 행적 가운데 유명한 일화 하나는 병조판서로 있을 때 왕명을 어겼다고 잡혀왔다가 다시 백의종군하게 된 이순신을 통제사로 복직시키도록 주청한 장본인이었다는 사실이다.

그림 오른쪽 아래는 구옥(舊屋)이, 왼쪽에는 큰 바위가 보인다. 백사는 큰 바위에다 그의 다른 아호인 '필운'을 따서 '필운대'라 써서 새겨놓았다. 서울 필운동의 배화여고 뒤쪽에 예처럼 아낌을 받고 있는 이 바위는 강궁으로 잘못 내면 화살이 능히 날아올 정도로 황학정 활터와 지근거리에 있다.

도판21_〈인왕산〉, 김병기(金秉騏, 1916~　), 캔버스에 유채, 97×130cm, 2005

평양 태생의 화가는 한국 현대화단의 대표적 추상작가다. 서울대 교수를 역임한 적 있는 화백은 사회의식이 치열한 작가로 유명하다. 해방 직후 북한 땅에 결성된 북조선문학예술총동맹 서기장 일을 맡았다가 "예술가들이 나랏일을 해야지, 정물은 왜 그려?"라는 질책을 듣게 되자 북한 공산정권의 실체를 피부로 깨닫고는 표현의 자유를 찾아 곧장 월남했으며, 6·25 동란 때는 대한민국 전시정부가 조직한 종군화가단의 부단장 직책을 맡기도 했다.

구순의 깊은 나이가 무색하게 계속 치열하게 이어가는 일련의 작업이 그의 화실에서 바라보이는 인왕산이다. 화백은 그 사이 즐겨 그렸던 북한산이 이 나라의 정신적인 리얼리티라면, 인왕산은 정치적 리얼리티가 분명하다고 여기고 있다. 인왕은 경복궁을 내려다보고 있는 산, 곧 벼슬아치들의 행각을 내려다보는 산이라는 점에서 '정치적'이고, 그것이 현대 한국의 인왕산 이미지다.

그림에서 첩첩이 들어선 아파트는 몇 가닥 선으로 근경이, 그너머 끝자락에 황학정이 있는 인왕산은 원경이 되고 있다. 그만큼 서울 도심과 맞붙어있는 활터다. 도심을 암시하는 기하학적 선 위로 펄럭이는 깃발은 단청색 또는 오방색(五方色)으로 '생명을 살아있게 하는[生生]' 힘인 샤머니즘을 상징한다.

세계 최강 한국 여궁

"쏘아라! 가을의 창공을!
섬섬옥수에 궁기(弓技) 부활!"
1930년대 여궁사의 위엄이 이어져
여섯 차례나 올림픽 양궁을 제패했다.

진정한 의미의 전통이란 과거의 문화 행적이 오늘의 삶에 의미 있게 살아있음이다. 과거에 '그렇게 찬란했다'며 그걸 여러 형태로 뒤늦게 똑같이 되새기는 노릇은 그저 유물의 복원에 지나지 않는다.

대궁인이란 뜻의 동이족이 가진 선궁(善弓) 전통은 오늘에도 세계 속에서 당당히 입증되고 있다. 세계인이 겨루는 각종 양궁 대회에서, 특히 우리 여자 양궁이 보여준 전인미답의 경이적인 기록이 그 증거다.

우리 역사는 진작 여궁(女弓)이 활발했다. 의주나 북청 등 북쪽 변방 지역의 여인들은 말을 달리며 쏘는 치마사(馳馬射)에 능했다. 공자가 "활쏘기란 남자의 일〔射者 男子之事〕"이라 했다지만, 북방 변경을 지키는 절대 생존의 문제에는 당연히 남녀 구별이 있을 수 없었다. 큰 고을은 남촌, 북촌으로 편을 갈라 여궁을 겨루었다.

우리 활 사랑 역사에서 굴곡이 많았던 20세기 전반에도 여궁 또는 여무사(女武士)는 새삼 각광을 받는다. 이 땅에 개화의 기운이 사회 각계에 퍼지기 시작할 즈음, 대중 오락용 관람형 스포츠의 등장도 신종 풍속이었는데, 그 하나인 궁술 대회에서 기생 궁사들의 현신(現身)이 세인들의 주목을 끌었다.도판22 이 대열에 마침내 근대화의 꽃이라 할

도판22_ 〈여무사의 습사〉, 1910, 장소 불명

1910년 당시가 개화 초기이긴 했지만 여염집 아낙네가 활을 낼 정도로 개방
되지 않았다. 따라서 활을 내는 여무사는 풍류를 즐길 수 있던 기생들이었지
싶다. 사진을 찍은 장소는 서울로 추정될 뿐, 정확히 알 수 없다.

만한 여학사들도 참여한다.

그때가 1930년대 초반이었다. 이화여전에서 여대생들
에게 활쏘기를 가르쳤던 것이다. 개화운동에 역점을 두던
기독교 계통 학교답게 무엇보다 민족정기 고양 차원에서
활쏘기를 권장했다.^{도판23} 당시 일제는 태평양전쟁을 일으
키면서 전쟁물자를 통제하기 시작했는데, 여기에는 스포
츠용품을 만드는 고무도 들어있었다. 이렇듯 각종 운동기
구의 확보가 어려워진 시대 상황도 활쏘기를 새로운 학교
스포츠로 권장한 부차적인 배경이 되었다.

도판23_ 〈이화여전생의 시사(試射)〉,
1936년 5월, 이화여전 운동장, 이화역사
관 소장

세계양궁대회에서 거듭 증명된 우리 여
궁의 압도적인 기량을 미리 말해주는 예
고편 같은 광경이다. 1936년은 이화여
자대학교 개교 50돌이었다. 그해 개최한
메이데이 행사의 특별 이벤트 하나로 여
대생의 궁덕을 보여주는 장면이다. 사진
에서 보여주는 맵시로 보아 최소 3년의
궁력(弓歷)을 쌓은 듯하다.

이화여대생이 체육특기과정으로 습
사를 할 때는, 일제 강점기 미국의 여성
해방운동가가 고안했다 해서 그녀의 이
름을 따서 '블루우마(bloomer)'라 했던
여학생 운동용 반바지를 입었는데, 사진
의 여궁사는 한복을 입고 있다.

관중에는 남녀 외국인도 보이고, 정
장 차림의 신사 그리고 일단의 여대생들
을 동네 학동들이 둘러싸고 있다. 서울
신촌에 자리 잡은 이화여대의 축제 행사
가 그 일대 사람들이 기꺼이 참여한 동
네잔치로 치러진 것이다. 여무사는 국궁
의 옛 방식대로 궁대를 두 번 꼬아서 화
살을 몸 앞 가로로 걸치고 있는데, 화살
을 궁대와 몸 사이에 끼우고 이어 궁대
주머니로 촉을 밀어 넣는 요즈음의 흔한
차림과 대비된다.

아무튼 신여성들의 활쏘기는 장안의 화젯거리였고 당연히 신문의 특종이 되고도 남았다. 이를 보도한 당시의 신문지면 〈동아일보〉 1938년 10월 7일자에는 감격이 넘쳐난다. "쏘아라! 가을의 창공을!"이라고 큰 제목을 뽑고, 부제로 "섬섬옥수에 궁기(弓技) 부활, 운동에도 동양적 고전 방훈(芳薰)을 탐구"라 적었다.

전통은 사람이 쌓는 노릇일진대, 이처럼 활 전통이 계속될 수 있었던 비결은 우리 한민족의 우수 유전인자와 유구한 역사를 자랑하는 활쏘기 사랑이 상승 작용한 덕분이다. 영국의 유명 의학서인 《인간연구서설》에 따르면 사람이 나무 위에서 살았을 때는 엄지손가락 근육이 발달했고, 지상에 내려와 물건을 들게 되면서 손가락과 손바닥을 관장하는 삼각형 손목 근육이 발달했다. 그 덕분에 파워 그립power grip, 곧 쥐는 힘이 강해졌다. 뒤이어 손으로 각종 전문 작업을 수행하는 사이에 손가락 재간을 좌우하는 '가운뎃손가락 근육'이 발달했고, 그래서 프리시전 그립precision grip, 곧 정확한 손놀림이 가능해졌다.

한민족은 오랫동안 농경민족으로 살아오면서 이 세상 어느 다른 나라보다 손가락을 많이 썼고, 그런 사이에 가운뎃손가락 근육이 유별나게 발달했다. '신체 바깥으로 드러난 뇌'라는 비유처럼 손은 중추신경과 연결되어 민감성이 높다. 민감성은 또 뇌와 손끝을 잇는 자율신경이 무심 상태로 연관되면서 더욱 높아진다. 이 무심의 지름길은 좌뇌 아닌 우뇌의 몫. 사물을 논리적으로 파악하는 좌뇌가 발달한 서양 사람과 달리, 한국 사람은 심정적으로 파악하는 우뇌가 발달했다.

이를테면 손가락을 많이 써야 하는 병아리 암수 감별에서 한국 사람의 실패율이 가장 낮다는 사실은 우리 손의 탁월한 민감성을 말해주는 하나의 보기다. 병아리 항문에는 거의 식별 불가능한 미세 돌기 하나가 있는데, 그 주변의 온도, 습도 등의 차이를 손가락 끝으로 감지해 가려내는 작업은 감각을 넘어선 영감(靈感)의 작업이다. 한국 사람의 감별 실패율은 5퍼센트 미만인데, 다른 나라 사람들은 15퍼센트 이상이었다 한다.

한민족의 가운뎃손가락 발달은 특히 여성 쪽이 탁월했다. 옛 어머니들은 논밭갈이, 길쌈, 바느질, 빨래, 설거지 등 아버지보다 자주 손을 썼는데, 이것이 유전적으로 쌓여 가운뎃손가락 근육 발달도가 한국 남성이 80이라면 한국 여성은 100에 이른다는 것이다. 이를테면 "미국의 백인 아이들로부터 따돌림 당해온 딸이 공기놀이하는 것을 보고 (백인 아이들이) 앞 다투어 놀자고 달려들었다"는 한 이민 어머니의 신문 투고 내용이나, "미국에서 젓가락질을 비롯해서 한국 아이라 하면 연상된다던 손 그림자 놀이와 실 뜨기도 유별난 손가락 재간의 유전자 때문"이라는 분석이 그 보기다.[22]

가운뎃손가락 근육의 발달도는 미세한 손가락 작업이 필요한 정보통신 산업 성공의 밑거름이기도 하지만, 훨씬 이전에는 선궁 기질을 높여준 인자였다. 활쏘기 요령의 핵심인 발시가 원만하자면 시위를 잡는 깍짓손의 가운뎃손가락 근육이 강하면서도 동시에 유연해야 하는데 (한국체육과학연구원, 《양궁경기 훈련지도서》), 우리가 이 경쟁력을 타고났다는 말이다. 일찍이 "초나라 양유기가 활쏘기의 정묘함이 신(神)에 통했던 것은 오직 당긴 시위를 놓는 법에 달려 있다(국립민속박물관, 《무예문헌자료집성》)" 했다. 활에서 시위를 놓는 법은 바로 현대 보병의 개인 화기인 소총의 방아쇠를 온전하게 당기는 노릇에 해당한다는 말이다.

집게손가락과 함께 엄지손가락을 누른 상태에서 발시하는 국궁에서는 시위를 놓는 작동에 가운뎃손가락이 예민하게 작용한다. "화살의 비상 속도와 거리는 깍지 떼임 동작의 신속도와 밀접히 관계"한다는데, 깍지 떼임이 원만하자면 집게손가락이 깍지를 감아쥐는 으뜸 역할을, 가운뎃손가락은 보조 역할을 알맞게 수행함으로써 튕겨 나가는 시위가 엄지손가락이나 약손가락을 스치지 않아야한다. 그뿐 아니라 온전한 주먹을 만들어 깍짓손 전체 손가락이 일체감을 느낄 수 있어야 좋은 활쏘기가 이루어진다 한다(조영석, 〈사법 이론–깍짓손 쥐기〉).

이에 견주어 집게손가락와 함께 가운뎃손가락이 시위를 끌어당기는 힘의 역할과, 시위를 놓는 미묘한 발시 기능까지 아울러 감당해야 하는 양궁의 경우, 강함과 부드러움을 갖춘 손가락의 중요성은 더욱 높다 할 것이다. 발시의 정확성에 관련된 이런 유전적 요소에다 피나는 연습이 더해진 끝에 로스앤젤레스 올림픽(1984년) 이래 아테네 올림픽(2004년)까지 한 번도 빠짐없이 무려 여섯 차례나 우리 여궁이 세계를 제패하는 경이적 기록이 탄생했다.[23]

활을 내니 나를 얻네

활을 들어 겨냥하노라면
저기 엄연히 대치한 또다른 나.
쏜살같이 날아간 화살이 과녁을 때리면,
자아(自我)와 타아(他我)가 하나로 호응하는
물아일체(物我一體)의 순간이네.

활쏘기는 한마디로 긴장의 연속이다. 대체로 40파운드 이상의 장력(張力)[22]이 필요한 활을 한 손에 잡고, 또 한 손으로 시위를 당기는 신체적 긴장에다, 시위에 건 화살의 중심축을 기준 삼아 과녁을 겨냥하는 정신적 긴장이 고조되면서 온몸은 터지기 직전의 풍선처럼 부풀어오른다.

긴장 속에서 바라보는 과녁은 어느 순간 화살을 통해 꼭 도달해야 할 간절한 염원의 화신이 되어 저 앞에 우뚝 서있다. 한순간에 지금 여기 활을 잡은 현실의 주체인 내가, 되고 싶은 이상의 나와 엄연하게 대치(對峙)하고 있다. "활쏘기는 각각 자기의 과녁을 쏘는 것"이라 한 《예기》의 말처럼, 내가 나를 맞히려는 형국인 것이다.

활을 들어 시위를 당기면서 겨냥하는 사이에 5초에서 10초 정도가 흐른다. 하지만 긴장의 고조로 시간 흐름을 전혀 의식하지 못한다. 모든 시름, 모든 시간, 모든 공간이 '사라진' 삼매경은 이를 두고 하는 말이다.도판24

고조된 긴장은 터지기 마련. 시위를 당기던 손이 마침내 시위를 풀어버리면 화살은 '쏜살같이' 날아간다. 2초 정도 흘렀을까, 화살이 과녁을 때리는 '탁' 하는 외마디

도판24_ 〈유희삼매〉, 조윤형(曺允亨, 1725~1799), 종이에 먹, 34×47.5cm, 18세기 후반, 개인 소장

글쓴이는 조선 시대 영·정조 연간의 문신인데, 예조정랑을 거쳐 초서와 예서에 특출함이 돋보인 덕분에 서사관(書寫官) 등을 지냈다. 조야 간에 그의 서화를 얻으려는 사람이 많았다 한다. 서화에 심취함이 유희삼매의 경지라는 뜻으로 썼지 싶다. 활시위를 당겨 과녁을 겨냥할 때의 삼매경 또한 다르지 않다.

소리가 활터를 울린다. "음악은 천지의 어울림〔大樂與天地同化〕"이란 말대로,[25] 그 소리는 대치 상태인 하늘과 땅 사이처럼 따로 놀던 '나와 과녁'이 하나가 되는 물아일체(物我一體)의 순간이요, 내 자신인 자아(自我)와 과녁에 투영된 '되고 싶은 나'인 타아(他我)가 일순에 하나로 호응했음을 알려주는 섬광 같은 박(拍) 소리이니, 한순간의 득도가 이 아니겠는가.

삼매경 또는 무아지경은 심리학에서 말하는 절정경험 peak experience이다. 절정경험의 시간에서는 '시간'이 사라진다. 있는 것은 '여기'와 '지금'뿐이다. 과거의 미련도 미래의 불안도 없다. '시간이 없는 시간'을 사는 것은 바로 영원을 사는 것과 통한다. 무시영원(無時永遠)인 것이다.

절정경험에는 완성감과 동시에 완진감(完盡感)이 따른다. "높은 산을 올랐을 때 해냈다는 뿌듯한 완성감이 있는가 하면, 한편으로 마지막 힘까지 남김없이 다 썼다는 완진감이라 부를 수 있는 흐뭇함도 있다. 역설적으로 완전한 소진으로 완전한 충만을 만끽한다는 말이다(정범모, 《인간의 자아실현》)."

화살 한 대를 낼 때마다 완성감과 완진감이 교차하니, 이 심리적 교차를 한 순 활쏘기에서 다섯 번이나 되풀이하는 셈이다. 그래서 활쏘기는 절정경험의 도구이자 그 실현의 좋은 표본이다.

절정경험이야말로 직접 경험하지 않고는 그 깊이, 넓이, 높이를 실감할 수 없다. 그래서 일본으로 선학(禪學)을 연구하러 왔던 독일 철학자 헤리겔Eugen Herrigel은 일본 활을 배우기 시작했다. 맨 먼저 "나로부터 나를 없애고 쏠 수 있어야 한다"고 사범이 가르치자, 헤리겔은 "내가 없으면 누가 쏩니까?" 하고 되묻는다. 대답은 "내가 없어지면 그 무엇이 쏘게 되며 수련을 쌓으면 그 무엇을 알게 된다" 였다(헤리겔, 《활쏘기의 선》).

그 무엇이란 무아지경을 말함이겠는데, 무아지경은 말 그대로 '내가 없는 경지'다. 해답이 아니라 처음 질문으로 되돌아가는, 서양 논리학에서 말하는 동어반복의 오류처럼 들린다. 그러나 '큰 모양에는 형체가 없다'는 대상무형(大象無形)이란 말처럼, '반대의 일치'가 노장(老莊)의 발상법이다(오강남 풀이, 《도덕경》). 그런 점에서 무아지경은 고도의 정신 집중 끝에 다다른 일심불란(一心不亂)이고, 나란 존재가 거의 절대 경지까지 고조된 상태인 것이다.

활쏘기에서 말이 백발백중이지 아무리 선사일지라도 언제나 한결같이 명중시킬 수는 없다. 사람은 기계가 아니기 때문이다. 활쏘기에서 초단이면 어지간히 경지에 간 사람이다. 초단은 입단 대회에서 아홉 순 마흔다섯 발 가운데 스물다섯 발을 맞히는 기량이다. 활쏘기를 매일같이 즐기는 사람들도 한 발도 안 맞는 불(不)쏘기 또는 시수 부진을 '밥 먹듯' 한다.

그래서 기량이 높은 구사들이 후배들에게 곧잘 활을 "쪼는 맛, 겨냥하는 맛에 쏘라"고 타이른다. 화살이 과녁에 맞는 맛도 좋지만 시위를 당기면서 한순간이나마 무아지경에 드는 느낌이 어디냐는 충고다.

한편으로 "과녁이 그냥 거기에 있으려니 여기고 쏘라"고도 타이른다. 욕심을 내지 않는 무심(無心)이 활쏘기에 앞서 가져야 할 마음 자세이고,[26] 한편으로 활쏘기에서 얻게 될 마음의 여유이기도 하다는 말이다. 도가에서 강조하는 무위(無爲)의 방식이다. "함이 없는 함"이란 이를 두고 하는 말이 아니겠는가.

인간문화재 궁사의 활 이야기

"활을 내면 건강에 좋습니다.
두 손을 들어 평소 잘 쓰지 않는 방향으로 밀고 당기기 때문에
활잡이에게는 오십견이 생기지 않습니다."

활에 얽힌 풍속

사는 궁사들의 개인사에 녹아있기 마련이다. 그래서 개인의 역사는 '거창한' 풍속사에 대한 실감을 더하는 방편이기도 하다. 활쏘기 경륜이 공인된 한 인간문화재의 말을 정리하는 까닭도 거기에 있다.

1946년생인 황학정의 김경원(金慶源) 사범은 1964년에 경기도 고양시 송호정에서 집궁(執弓)했다. 충남 공주시 관풍정, 울산광역시 만하정, 강원도 원주시 학봉정, 경기도 성남시 한성정 등지에서 사범으로 일했고, 1982년에 서울 황학정 사범으로 왔다. 황학정 궁도교실에서 활을 지도하는 한편 대성그룹 궁도동호회와 육군사관학교의 궁도 강사를 지냈고, 2000년에는 서울특별시 중요무형문화재 제7호인 '장안편사놀이' 기능보유자로 지정되었다.

국궁 솜씨는 4단이며, 각궁 애호가들에겐 해궁(解弓)의 달인으로 칭송받고 있다.도판25 신사들이 겪기 마련인 활쏘기 자세의 잘못에서 생기는 각종 '활병[射癖]' 진단과 그 치유의 명인인 김 사범은 집안 대대로 활과 인연이 깊다. 조부인 김한곤은 경기도 일원에서 당할 자가 없던 명궁이었다. 일흔여덟로 타계하는 날 "마지막 활 쏜다"하면서 한

도판25_ 황학정 김경원 사범, 2005

김경원 사범이 궁방에서 각궁을 해궁하고 있다. 사범은 일제강점기 때 전래
된 용어이고, 우리말로는 교사장(敎射長) 또는 교장(敎長)이다.

순을 쏘았는데 3중이었다(김진만, 〈활 백일장 명궁 이야기〉).

⊙ ⊙ ⊙

올해로 활 쏜 지 43년이 됩니다. 스무 살에 활을 처음 배웠
습니다. 고향에서 농사짓던 땝니다. 농촌에서 농한기 때
대개들 활을 많이 쏘십니다. 고향에 활 쏘는 분들이 많았

고 우리 집안 어른들도 활을 많이 쏘셨어요.

어려서 부모님을 잃었기 때문에 누가 같이 활 쏘자는 분은 없었습니다. 그때 송호정의 최병철 사두가 활을 한 번 쏘자고 말씀하시기에 그분하고 같이 활을 배웠습니다. 활을 가르쳐주신 분은 김현권이라고 귀가 다소 어두운 분인데, 글로 의사소통을 했습니다. 그분이 잘 가르쳐주셨죠.

고향은 경기도 고양군 송포면 덕이4리 810번지인데, 지금은 고양시 덕이동입니다. 우리 고향에서는 아버지, 아들, 손자 이렇게 3대가 활을 쏘는 분들이 여럿 있었습니다. 활쏘기가 아주 생활화되어서 어려서부터 활 쏘는 사람들이 많았죠.

우리가 활 쏠 적만 해도 부모님이나 집에서 활을 쏘라고 했습니다. 다른 곳도 그랬겠지만, 내 고향에서는 농한기 때 모두 투전이다 뭐다 그런 노름을 했어요.

하지만 활 쏘는 사람은 그런 걸 안 했습니다. 겨울에 농사 끝나고 지금처럼 비닐하우스 농사 같은 게 없으니까 빈둥거리게 됩니다. 대개 부모가 자녀들을 데리고 활터에 같이 가서 하루 종일 활을 쏘고, 그러고 나면 다른 재미는 못 붙이죠.

활을 배울 적에, 내가 제일 늦게 시작했어요. 그때 우리 친구들은 이미 많이 배웠습니다. 이제 그 사람들은 도중에 그만두고, 어떻게 하다 나는 활로써 이렇게 걸어오게 되었지요.

지금까지 이렇게 활을 내온 것은 활이 굉장히 재미가 있어서라고 생각합니다. 활은 매일 쏴도 매일 새것으로 느껴져요. 총이나 이런 것처럼 정확한 데이터가 아니라 매일 쏴도 쏠 적마다 달라지는 데 매력이 있지요.

활을 잘 쏘려면 우선 느긋한 마음을 가져야 합니다. 그리고 지도해주는 사람의 얘기를 잘 듣고 그것을 잘 새겨야 되는데, 급한 마음을 가지면 안 됩니다. 느긋한 마음을 가지고 해야지, 급한 마음을 가지면 절대 안 되고요. 옆에서 천둥을 치든 뭐하든 그런 것에 괘념하지 않고 그냥 쏘는 사람이 잘 쏴요.

주변에서 보면 역시 젊은 사람이 활을 잘 맞힙니다. 담력이 있다는 말입니다. 근성이 있어야 합니다. 아무리 활을 잘 쏘고 해도 대회장에 가면, 좀 떨리는 그런 마음이 있잖아요. 그래서 넉살이 좋아야 돼요. 누가 뭐래도 그럴 것 없다고 여기는 마음 자세입니다. 배포가 좋아야 전국대회 가서 큰 시수를 올리죠. 옹졸하면 어려워요.

활을 내다가 연세가 많아서 시위를 당기지 못해 못내

는 사람도 있지만, 하다가 하지 않는 사람은 우선 활에 취미를 잃어서 내지 않는 사람이 태반이죠. 그 잘 맞던 사람이 잘 안 맞으니까. 말하자면 속사병(速射病)인데, 그걸로 인해서 안 맞고 그래서 안 쏘는 사람이 많지요.

속사병이 제일 안 좋고, 그 다음이 뺏기는 병, 곧 퇴촉(退鏃)입니다. 정신은 아주 꽉 쥐고 오래들 갖고 있다고 생각을 해도 그만 나도 모르게 깍지가 나져요.

속사병은 고치기 어려워요. 속사 걸린 사람들보고 지사(遲射)하라고 오래 겨냥하라고 말하지만, 그럴 새 없이 나도 모르게 깍지가 나지는 걸요. 신경이 그렇게 되는 모양이에요. 각궁이 힘에 부쳐서 그런 것만도 아니에요. 약한 활도 그렇잖아요. 잘 맞을 적에 아무 생각 없이 과녁에만 놓고 쏘는 습관, 아무 생각 없이 나버리니까 그게 습관이 돼서 그런 거라고요. 처음 배울 적에, 처음에 잘 맞고 그럴 적에, 옆에서 잘 맞는다고만 하지 말고 좀 더 갖고 있어라, 좀 더 지사해라 그걸 조언해주는 사람이 없었기 때문입니다.

자기 스스로는 깨닫지 못해요. 잘 맞을 적에는 그냥 과녁만 보여도 잘 맞고 그러니까 그게 그렇게 되나보다 했는데, 그 시기가 한 1~2년 지나가면 속사가 돼서 고치기 어려워요.

그 사이에 근 사십 년 동안 활을 매일같이 만져왔는데, 도중에 좀 집어치웠으면 좋겠다고 생각해본 적도 있습니다. 왜 그런 생각이 들었는가 하니, 생활고가 염려되고 또 그때 활 쏘는 사람들이 사범을 너무 천시하니까, 이거 안하고 내 소일 삼아 활이나 쏘고 다른 직업을 가져야겠다는 생각도 많이 했지요.

골프는 사람들이 많이 하고 싶어하는 까닭에 골프 코치에 대한 대접도 꽤 괜찮은 것으로 알고 있지만, 활은 그렇지 못합니다. 글쎄, 어째서 그런지 몰라도, 우선 사범이라는 사람은 대개 젊고 또 그것을 호구지책으로 하는 사람이 많은 반면, 배우는 사람은 사회적으로 번듯하게 활동하고 나이도 지긋합니다. 배운다 하면서도 가르치는 사람을 좀 천시하고 그렇게 처신하지 않았나 싶습니다.

지금도 그렇지만 젊은 사범한테 제대로 깎듯이 하는 사람이 별로 없어요. 사람들이 쏘는 것만 배웠지, 자기 손으로 고치는 것을 배울 생각은 안 하고, 으레 사범보고 고쳐달라고 그럽니다. 어쩌다 사범이 바빠서 못 고치거나 하면 갖은 불평을 다합니다.

사람들이 자기가 직접 손대지 않는 것은 최근 일만은 아닙니다. 그 옛날에도 보면 그래요. 자기 손으로 만지는 사람도 있지만, 전혀 안 만지는 사람들이 많았어요.

⊚ ⊚ ⊚

당시에는 전국적으로 활을 제작하는 곳이 꽤 있었습니다. 부천, 인천, 예천, 전주, 대전, 구례, 진주, 울산, 마산 등 곳곳에 있었어요.

내 고향에는 그때 활을 만드는 사람이 없었습니다. 내 고향으로 예천 분들이 활을 가지고 와서 팔기도 했습니다. 부천에 살던 김장환 중요무형문화재에게서 활을 많이 구입했습니다. 서울에 장진섭이라는 분이 있었는데, 그분도 중요무형문화재인데, 왠지 내 젊었을 때 보면 그분 활을 안 쓰고 부천 활을 많이 쓰더라고요.

전통 활인 각궁은 지금 60만 원가량 합니다. 옛날이나 지금이나 쌀 세 가마니 값이에요. 쌀 한 가마니는 80킬로 그램, 다섯 말입니다.

활을 구하는 방식은, 지금도 내 고향에서는 그렇게 하는데, 활계, 화살계 같은 것을 모아요. 계를 모아서는 궁방(弓房)에다 우리가 이번에 활계를 몇이서 모았는데, 보름에 한 장씩 값을 줄 테니 열 장을 한꺼번에 달라고 사두나 총무 이런 사람들이 얘기하면, 이제 내주죠. 그래가지고 활을 샀죠.

그때 활계는 궁사들의 회식도 곁들인 친목 조직이자 농사일도 서로 돕는 공동체였습니다. 계원들은 각자 '활논'을 마련해서 곗돈을 마련했지요. 활을 쏘자면 활과 화살도 사고 활쏘기 대회에도 나가야 하는데, 그 비용을 마련하려고 농민들이 자신의 논 가운데 일부를 '활논'으로 정하고 그걸 열심히 가꾼 뒤 소출을 순전히 활쏘기 자금으로만 사용했습니다. 그래서 특히 경기도 일원에서 "활논 가꾸듯 한다"는 속담도 돌았습니다. 농사일을 특별히 알뜰하게 꾸려가는 모습을 보고 일컫는 말이지요.

활을 쏘다 보니까 활을 만드는 과정에 매력을 느끼게 되었습니다. 그래서 활 만드는 사람을 찾아갔죠. 그분이 경주에서 활을 만드시는 분인데, 박극환이라고 그분한테 가서 1년 동안 활 만드는 법을 철저하게 배웠죠. 그래서 이제 웬만한 활 같은 것은 내 손으로 고치고 한때는 만들어보기도 했습니다.

지금도 그렇게 만드는지는 몰라도, 활은 여하튼 정성이 많이 들어가야 합니다. 활은 풀칠 작업이 많습니다. 풀칠 작업이 제일 중요하고 제일 정성이 들어가야 합니다. 묽은 민어풀로 200번 이상 풀칠을 거듭해서 그 기운이 풀 바른 물체에 스며 나올 정도로 정성을 다합니다. 너무 급하게 만들면 좋은 활이 안 나옵니다.

◉ ◉ ◉

해궁이라는 것은 기본 형체가 만들어진 활을, 쏠 사람의 궁력에 맞도록 마무리하는 일입니다.도판26 활을 풀어서 오금이고 고자고 삼삼이고 이런 데를 다 똑바르게 하는 것을 해궁이라 합니다. 쇠뿔의 어느 한 쪽이 좀 두껍다 하면 줄질해서 거기를 '얕이 내려' 활이 제 구실을 하도록 만드는 것을 해궁이라 합니다. 얕이 낸다는 말은 뿔 깊이를 일정하게 그리고 얇게 균형이 잡히도록 줄칼로 긁어내는 일입니다. 칼로 긁어내다가 맨 마지막에는 사포질을 합니다. 그렇게 균형을 잡아놓는 겁니다.

처음 제작할 때 균형을 맞추기 위해 우선 거의 1센티미터 정도 두께의 대나무를 가져다가 한쪽에다 풀질을 합니다. 거기다가 뿔을 붙이는데, 줌통 그쪽은 거의 1센티미터나 되고 목소쪽은 한 5밀리미터 정도로 얇게 해요. 처음부터 1 내지 1.5밀리미터 정도로 맞춰 얇게 붙이면 대나무와 뿔을 붙인 부분이 뒤틀릴 염려가 있기 때문입니다.

그렇게 붙인 것이 잘 마르고 나면 1 내지 1.5밀리미터 정도 두께로 대나무를 깎아냅니다. 깎아낸 대나무 위로 풀을 마저 충분히 칠한 다음에 이제 쇠심줄인 심을 얹습니다. 심은 물기가 많거든요. 그 물기 많은 것을 붙이면 이게 마르면서 쪼그라든단 말이에요. 쪼그라들 적에 속에

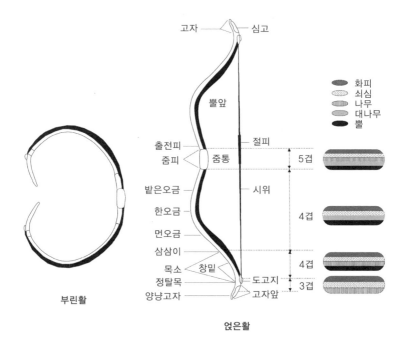

고자 ─── 심고

화피
쇠심
나무
대나무
뿔

뿔앞

출전피 ─── 절피
줌피 ─── 줌통 ─── 5겹

받은오금 ─── 시위
한오금 ─── 4겹
먼오금

삼삼이 ─── 4겹
목소 ─── 창밑
정탈목 ─── 도고지 ─── 3겹
양냥고자 ─── 고자앞

부린활

엎은활

도판26_ 부린활과 엎은활의 구조

활의 구조에서 화피 쪽을 '활 뒤', 검게 그려진 우각 쪽을 '활 앞'이라 한다.
뒤부터 앞으로 부위별 구성을 살펴보면 줌통은 화피, 쇠심, 나무(박달나무,
참나무 또는 자작나무), 대나무, 뿔을 붙인 5겹, 줌통 또는 줌에서 삼삼이까
지는 화피, 쇠심, 대나무, 뿔을 붙인 4겹, 삼삼이에서 도고지까지는 화피, 쇠
심, 뽕나무 또는 애끼찌나무, 뿔을 붙인 4겹, 양냥고자 직전까지는 화피, 쇠
심, 나무(뽕나무 또는 애끼찌나무) 등 3겹이다. 마지막 양냥고자 부분은 다시
5겹인데, 역시 뒤에서 앞으로 가죽, 화피, 무릎심, 쇠심, 나무(뽕나무, 대나
무, 또는 애끼찌나무)의 구조다.

있는 대나무는 그 곁의 뿔이 얇으면 쪼개집니다. 심이 마르면서 풀이 쪼그라드는 바람에 쪼개지는 일을 방지하기 위해서 뿔을 두껍게 미리 붙여둔 것이죠. 그런 뒤에 뿔을 깎는 거죠. 처음부터 뿔을 얇게 붙이면 죄다 쪼개져서 활을 못 쓰죠. 뿔을 두꺼운 것으로 했기 때문에 활의 형태가 유지됩니다. 마지막으로 뿔을 깎고 이제 다 마르면 해궁이 된 거죠.

그리고 매일 시위를 얹는 것도 다 해궁이에요. 시위를 푼 채 점화장(點火場)에서 달궈놓으면 다시 또 구부러지잖아요. 그걸 다시 또 얹으려면 줄질을 해야 합니다. 일제강점기에 신식 줄인 이른바 '야스리[鑢]'가 들어오기 전에 사용하던 우리 전통 공구는 '환'이라 했습니다. 줄질을 안 하더라도 불에 데워서는 발로 다시 밟아 활의 형태를 다스리는 것도 다 해궁이라 그럽니다.^{도판27}

각궁 매만지는 일을 "점화(點火) 놓는다"고도 말합니다. 뿔이나 활의 습기를 빼는 것이 점화입니다. 점화하는 까닭은 자연 재료를 사용했기 때문입니다. 자연의 공기 속에는 습기가 많잖아요. 우리나라 기후는 습도가 보통 60퍼센트 이상 됩니다.

그런데 점화를 놓는 점화장의 습도는 40퍼센트, 많아야 45퍼센트 이하가 되어야 합니다. 점화장은 그렇게 건

도판27_ 〈궁장이〉, 김준근, 종이에 채색, 16.3×13cm, 19세기 말, 프랑스 국립 기메 동양박물관 소장

활을 만드는 궁장은 활을 해궁하거나 수리하는 일도 맡았다. 그림의 장면은 해궁하는 모습이다. 궁사가 궁장 앞에 앉아 바라보고 있는 모습이 이를 말해 준다.

조해야 돼요. 습기를 빼는 게 점화지, 활을 뜨겁게 만드는 건 아니에요.

점화장이 아무리 뜨거워도 그 안에 습도가 높으면 아무 소용없습니다. 건조한 데 놓아두면 일부러 뜨겁게 하지 않아도 활은 점화가 되는 거죠. 요즘은 사정마다 점화장을 갖고 있기 때문에 집에 각궁을 갖고 갈 필요가 없게 되었지만, 이전만 해도 농촌 궁사들은 자기 집에서 자기 활을 점화 놓았습니다.

옛날 활량들이 활을 집에 가져가면, 요 포대기 한 자락 깔고 이불 한 자락 덮고 했지요. 그렇게 해서 습기를 뺀 것입니다. 여기서 활을 "기생첩 다루듯 애지중지했다"는 속설이 생겼습니다. 마찬가지로 "아랫목 아기 밀어제치고 활 점화 넣는다"는 말은 점화 넣는다며 아랫목에 잠재운 아기를 윗목으로 밀쳐버리는 미련퉁이 궁사를 비꼬는 뜻입니다. 부부싸움의 원인이 되고도 남았겠지만, 활을 애지중지하던 농촌에서는 당연한 이야기로 여겼지요.

⊙ ⊙ ⊙

지금까지 활쏘기 하면서 제일 기뻤던 일, 아주 보람된다 할까, 그런 일은 신사들을 가르친 거지요. 새로 가르친 사람이 궁체(弓體)도 좋고 침착하게 잘 맞히는 걸 보면 제일

보람되고 기쁘죠. 도판28

황학정만 해도 지금까지 입회는 안 했어도, 나한테 배워서 처음 사대에 올라 쏜 사람만도 한 200명 됩니다. 배우다가 그만 둔 사람까지 치면 한 400~500명 되죠.

사범 노릇은 수원 연무정에서도 했고요, 지금은 없어졌는데 울산 만하정에서도 했습니다. 울산 만하정에 있을 때는 식구들을 다 데리고 갔습니다.

입단은 활 배운 지 한 20년 지나서 했지요. 활은 배웠지만 한동안 입단에 대해서는 신경을 안 썼는데, 내가

도판28_ 〈활쏘기와 활 얹기〉, 《단원 풍속첩》, 김홍도, 종이에 수묵담채, 27×22.7cm, 18세기 후반, 국립중앙박물관 소장, 보물 527호

그림 오른쪽 위 사람은 화살에 뒤틀림이 없는지 확인하고 있고 그 아래 사람은 활을 얹고 있다. 왼쪽에서는 교사장이 상투 올린 청년에게 활쏘기를 가르치고 있다. 활 배우는 사람은 소매 자락이 시위에 맞지 않도록 앞손 팔뚝에 팔찌를 두르고 있다.

배우는 사람이 왼손으로 시위를 당기는 것을 보아 필시 좌궁인데, 좌궁이면 왼발이 뒤쪽으로 약간 물러서는 것이 통상의 거궁 자세다. 혹자는 단원이 씨름판 풍속도에서 구경꾼들의 손목 자세를 잘못 그렸듯이(오주석, 《한국의 미》, 솔, 2003), 이 거궁 자세 또한 활을 내어보지 못한 단원의 잘못이라 지적하기도 한다. 그러나 정조의 각별한 총애를 입어 현감 벼슬도 지낸 그가 활을 내지 않았다고 상상하기는 어렵다.

오히려 이 그림은 단원이 활을 잘 알았음을 웅변하는 물증일 수 있다. 좌궁의 자세로 왼발을 앞으로 쑥 내밀고 시위를 당기면 왼발을 조금 뺀 통상 자세보다 허리운동을 더 강화할 수 있기 때문이다. 이를 두고 화원의 이름을 따서 '홍도사법'이라 말하는 궁사도 있다.

1982년 3월에 서울 황학정에 처음 와서 그 이듬해에 서울시 대표선수가 되었습니다. 대표선수를 하려면 초단 이상을 가져야 된다 해서 입단을 받았지요. 그렇지 않으면 입단 같은 것은 안 받았겠지요. 입단, 승단 같은 제도는 1970년 즈음에 생긴 듯합니다. 지금은 단을 중요시하는데, 그때는 별로 그러지 않았어요.

대한궁도협회 규정에 따라 입·승단대회는 아홉 순 마흔다섯 대를 쏘게 합니다. 초단은 25중 이상, 5단은 31중 이상, 9단은 39중 이상의 실력을 말하고, 단(段) 제도가 생긴 뒤 5단 이상을 명궁이라 부릅니다. 현재 우리나라에서 9단은 서른 명 정도 된다고 알고 있습니다. 하지만 이 제도 때문에 젊은 명궁들이 구사를 제대로 대접하지 않는다는 개탄의 말도 들립니다.

사범 생활을 하는 사람은 살이 잘 안 맞습니다. 잘 맞다가도 이상하게 남의 활을 많이 얹어주다 보니 그러는지 살이 잘 안 맞던데요. 하여튼 전국대회 가서 1등은 못해봤어요, 2등 밖에. 2등은 몇 번 했지만.

⊙ ⊙ ⊙

활 쏴서 먹고사는 사람은 없었어요. 다른 데는 몰라도 우리 고향에서는 활 쏘아가지고 먹고산다는 생각은 안 했어요. 황학정 사범으로 처음 왔을 때는 한 달에 13만원 받았습니다. 궁방에 앉아서 활 얹어주고 짬나는 대로 활이나 쏘고 그러니까 별로 생활비가 들어가는 게 없었습니다.

지금 전국적으로 유급 사범이 있는 데는 없는 걸로 알아요. 아마 금전적으로 보조를 받는 사범이라면 지방 관청에서 보조해주는 경우일 것이고 정(亭)에서 보조해주는 데는 별로 없을 걸로 봐요.

가족은 아들 둘, 딸 둘인데, 아들은 활을 내다가 그만뒀지요. 먹고사느라고, 직장 생활하느라고 그만두었습니다. 취미가 없는 건 아닌데, 우리 애들은 내가 사범 하는 것을 보고, 이건 못할 거라고 생각하는 모양인가 봐요.

옛날보다 활 쏘는 사람이 많다고 생각합니다. 지난날 부모들이 활쏘기를 권했다 했지만 그걸 권하는 부모가 몇이나 있었겠어요. 지금은 전국적으로 활터도 많이 생겼습니다. 전국대회를 열게 되면 옛날에는 최고로 많이 와야 300명, 400명인데, 지금은 1000명이 넘잖아요.

그리고 옛날에는 전국대회가 얼마 없었어요. 일 년에 잘해야 열댓 번 정도인데, 지금은 전국대회가 사십 번 정도 되죠. 전국 대회가 이렇게 많아진 것은 아마 1970년대 후반부터일 텐데, 무엇보다 신소재로 만드는 개량궁이 등장하면서 궁도인이 많아졌습니다. 개량궁 등장으로 각궁을 쏘는 사람들이 많이 줄었지요.

각궁은 자칫 잘못 다루면 부러집니다. 좀 비싼 것도 흠입니다. 궁사가 마음에 드는 활 만나기가 평생 한 장 아니면 두 장 정도라 했는데 마음에 드는 활을 만나 활쏘기를 즐기다가 잘못 뒤집혀져 부러지면 세상을 잃은 것처럼 애통해했습니다. 그래서 "마음에 드는 활 부러지면 자식 잃은 것만 같다"는 속담이 생겼지요.

활을 내면 여러모로 건강에 좋다고 합니다. 내 경험에는 소화기관과 시력에 제일 좋다고 생각해요. 그리고 활은 두 손을 들어 평소 잘 쓰지 않는 방향으로 밀고 당기기 때문에 활잡이에게는 오십견(五十肩)이 생기지 않습니다. 또 시위를 당기고 나면 줌손에 얕은 진동이 오는데, 이것도 몸에 좋다고 합니다.

좋은 활이 명궁을 만든다

궁시(弓矢) 반(半)재주,
좋은 활과 화살이 명궁을 만든다.
그 하나하나가 좋아야 함은 물론이고
더불어 서로 잘 어울려야 한다.

활

국궁이라 함은 한마디로 우리 활을 사용하는 활쏘기라는 말이다. 우리 활은 역사적 발달 과정에서 말을 타고 달리면서 쏘는 동개궁, 궁중 행사 때 사용하는 대궁 등 다양한 변종을 낳았지만, 근간은 이 시대까지 전해진 각궁이다. 여러 자연 소재를 동원하는데, 특히 물소 뿔을 활의 중심인 궁간(弓幹)으로 사용한다 해서 각궁이란 이름을 얻었다.

쇠뿔과 대나무를 활의 기둥으로 삼고 뽕나무로 활의 양쪽 끝인 고자를 만든다. 먼저 대나무 한 조각을 깎아서 궁신(弓身)을 만든 뒤, 한쪽 면은 쇠뿔 두 조각을 대쪽 한가운데서 맞닿도록 민어풀 곧 어교(魚膠)로 붙이고, 다른 면은 활의 탄력을 높이는 데 도움이 되는 쇠심[27]을 역시 어교로 붙여 단단하게 만들고는 자작나무 껍질인 화피(樺皮)로 감싼다. 화피는 습기를 차단하는 효능이 있는 데 더해 아름다운 외장재이기도 하다. 외장재답게 화피를 그냥 삶으면 황색이 되고, 잿물에 삶으면 자색이 되고, 햇볕에 삼 개월 이상 쪼이면 흰색이 되기 때문에 궁사의 취향대로 선택이 가능하다.

고구려를 포함한 삼국 시대에 그랬듯이, 물소 뿔을 구

할 수 없던 시절에는 우리 쇠뿔을 이용하는 이른바 향각궁이 주로 생산되었다. 한우 뿔, 곧 향각(鄕角)으로 만든 활을 일명 삼각궁(三角弓), 휘궁(麌弓) 또는 반장궁(半長弓)이라 부르기도 한다. 한우 뿔은 상대적으로 짧기 때문에 향각궁은 줌통에서 삼삼이 근처까지만 뿔을 붙일 수 있었고, 삼삼이에서 도고지까지는 뿔에 뽕나무를 이어 붙이는 작업과정을 거쳐 만들었다(도판26 참조). 다만 고구려가 장악했던 만주 지방의 쇠뿔은 우리가 지금 만날 수 있는 한우의 그것보다 길었던 까닭에 향각궁일지라도 "살몰이가 좋았다" 또는 "살을 잘 챘다"고 한다. 화살을 쏘아날리는 힘이 좋았다는 말이다.

물소 뿔로 각궁을 만들게 된 때는 중국과 교역이 이루어지면서부터다. 물소 뿔은 길기 때문에 줌통에서 도고지까지 뿔을 붙이는 '장궁'을 만들 수 있었다. 그런데 명나라, 청나라와 무역해서 구할 수 있던 물소 뿔의 수량은 한도가 있었던 까닭에, 물소 뿔 흑각(黑角)을 관리의 품대(品帶)로 사용하는 것을 엄단했다. 당연히 자급할 수 있는 방도를 궁리했는데, 실제로 조선 시대 세종 때 조정에서 그 도입을 논의한 끝에 물소를 들여다가 날씨가 따뜻한 섬 지방에서 키운 결과, 10년 만에 70마리로 늘었다는 기록이 남아있다(우다가와, 〈조선 시대 활의 제작과 궁재의 확보〉). 그런 형편이었으니 "나라에 세 가지 보물이 있으니 그건 말과 소와 흑각"이란 말이 나올 법도 했다.

조정이 수군통제영에 흑각궁을 보내왔다는 《난중일기》의 기록은 전쟁터에서 물소 뿔 각궁에 대한 선호가 높았음을 말해준다. 향각궁도 성능이 우수하다지만 좋은 향각을 구할 수 있는 곳은 함경도, 황해도 등 한반도 북쪽 땅이었다는 점에서 수군이 활동하는 전남, 경남의 양남(兩南) 해안은 그만큼 흑각궁이 요긴한 무기체제였다는 말이다.

나머지 각궁 재료는 나라 안에서 조달되었다. 대나무는 전남 담양 같은 남도 지방에서, 화피를 얻는 자작나무는 기온이 낮은 지역에서 잘 자라는 까닭에 한반도 북쪽에서, 민어풀은 우리 백성이 여름 더위를 이기는 시절 음식으로 즐겨온 민어의 부레, 특히 암놈 부레에서 확보했다.[28]

각궁은 여러 재료를 사용하는 복합궁임이 특징이다. 흔히 인체 구성과 닮았다고 말하는데, 각궁에 쓰인 대나무는 뼈, 쇠뿔은 살, 쇠심은 장기 그리고 접착제는 신체를 하나로 통하게 하는 피와 같다고 비유하곤 한다.

완성된 활은, 다시 말해 시위를 걸지 않은 상태의 '부린활'은 길이가 1.24~1.3미터로 말발굽을 닮은 호형(弧形)이다. 한편, 부린활을 뒤집어 시위를 '얹은활'은 1.05~1.09

미터 길이로, 지리산 반야봉처럼 두 봉우리가 이어진 큰 산 또는 알파벳의 'M' 대문자가 좀 퍼져있는 모습인데, 쇠뿔 부분이 안쪽으로, 화피를 싼 부분이 바깥쪽으로 향한 '다섯 굽이 활five-curved bow'이다. 활의 변곡점(變曲點)이 다섯이란 말이다.

추력이 강한 우리 활의 우수성은 얹은활의 모양이 부린활을 거의 완전히 뒤집어놓은, 반전(反轉)의 정도가 높은 데서도 엿볼 수 있다. 반전 상태에서 당긴 시위의 반작용으로 활의 추력이 발생하기 때문에 반전 수준만큼 반작용이 높아질 수 있다. 반의 마이너스(-)와 또 다른 반의 마이너스가 합작해서 강한 추력의 플러스(+)가 발생하는 것이다. 게다가 얹은활에서 손잡이 줌통이 오목하게 들어간 것만큼 시위를 더 당긴 효과도 가세하고 있다.

우리 각궁은 길이가 대체로 일정하지만 쇠뿔의 굵기 등을 조정해서 당기는 힘, 곧 장력이 높거나 낮은 활을 만든다. 장력별로 연궁(軟弓), 중력궁(中力弓), 강궁(强弓)으로 크게 삼분하고, 그 세부에서 연궁은 연하(軟下)·연중(軟中)·연상(軟上), 중력궁은 중력(中力)·실중력(實中力)·실궁(實弓), 그리고 강궁은 강궁과 막막강궁(莫莫强弓)의 모두 여덟 단위로 구분한다. 개량궁 장력에 대비하면 연중은 40파운드, 실중력은 46파운드, 강궁은 50파운드에 상

응한다(정진명, 《한국의 활쏘기》) [29]

자연 소재의 각궁은 습기에 매우 약하다. 때문에 여름에는 탄력이 누그러지고, 반대로 겨울에는 뻣뻣하다. 따라서 온돌방 아랫목 정도의 온도를 유지하는 점화장에 항상 보관해야 한다.

각궁을 제대로 다루자면 숙련된 기량이 필요하다. 이 까다로움에서 해방시킨 것이 개량궁이다. 현대에 들어 양궁 등에 이용되는 신소재를 사용해서 각궁의 모양과 특성을 살린 것이다. 재료는 제조원에 따라 조금씩 다르기 마련인데, 대체로 유리섬유glass fiber를 단풍나무에 붙여 이를 쇠뿔로 대신하고, 대나무·탄소섬유carbon graphite·펄프 재질 등을 켜켜이 붙여 일곱 겹 또는 여덟 겹으로 만든다. 겹의 바깥은 화피 또는 인조섬유로 감싼다. 겹의 맨 바깥 한 쪽에 화학 재료 대신에 각궁처럼 쇠뿔을 붙이면 그걸 '개량각궁'이라 부른다. 자연 재료가 일부 들어가기 때문에 개량궁보다는 시위 당기는 맛이 '덜 뻣뻣하다'는 평가를 받고 있다.

개량궁이든 개량각궁이든 공장에서 대량생산하는 까닭에 무엇보다 값이 싸다. 게다가 온도에 덜 민감한 것이 장점이라 비를 맞아도 같은 강도를 유지할 수 있어, 각궁과는 달리 점화가 필요 없다.

개량궁에는 신소재로 만든 개량 화살이 사용된다. 모양은 전래의 죽시(竹矢)와 대동소이하다. 죽시와는 달리 개량 화살에는 '6(치)×6(돈)'이란 식의 규격 표시가 있다. 여섯 치는 화살 길이를 말함인데 두 자 여섯 치란 뜻이다. 두 자(60.6센티미터)를 빼고 끝 치수 여섯 치(18.2센티미터)만 말함이고, 여섯 돈(22.5그램)은 화살 무게를 가리킨다.

화살

풍전등화의 나라 운명을 반전시키려고 절치부심하여 23전 23승이라는 빛나는 승리를 거둔 불세출의 명장 충무공도, 그 사이 승패의 갈림길에서 마음의 불안을 숨기지 못했다. 그래서 곧잘 진지에서 점을 치곤 했는데, 1594년 9월 28일 자 《난중일기》를 보면, 새벽에 촛불을 밝히고 혼자 앉아 적을 상대할 작전이 길할지 흉할지 점쳐보았더니, 첫 점에 "활이 살을 얻은 것 같다[如弓得箭]"는 점괘가 나와 좋아했다고 적고 있다.[30]

화살은 진작부터 점술과 깊은 관련이 있었다. 팔괘와 육십사괘의 '괘(卦)', 그리고 이를 사용하는 점술을 가리키는 한자 '괘(掛)'에는 모두 '규(圭)'라는 글자가 들어있다. 규는 고대 귀족층이 가지고 다녔던 홀(笏)을 의미하는 것으로, 검술에도 사용되었다는 홀은 원래 화살이었다(컬린, 《한국의 놀이》).

아무튼 활이 살을 얻지 못하면 활쏘기가 성립되지 않는다. 바늘에 실 가듯이, 활에는 화살이 따라야 하고 기왕이면 좋은 화살이어야 한다. 그래서 "궁시(弓矢) 반(半)재주"라는 말도 생겼다. "일시(一矢), 이궁(二弓), 삼기(三技)"라고, 아무리 활을 잘 쏘는 재주도 활과 화살이 나쁘면 활쏘기 기량을 발휘할 수가 없다는 말이다.

활과 화살이 좋아야 함이란 각각 그 자체로 좋아야 함은 물론이고, 더불어 서로 잘 어울려야 한다는 말이다. "활과 화살이 조화되지 않으면 예(羿)[31]라도 반드시 목표를 적중할 수 없다"는 것이 순자(荀子)의 말이다.

활과 화살의 조화는 대체로 "연한 활에 무거운 화살〔軟弓重矢〕"이 선사들의 권유다. 이를테면 개량궁 40파운드 전후의 활은 여섯 돈에서 여섯 돈 반 무게의 화살이 적합한데, 후자 둘 가운데서 고른다면 여섯 돈 반 화살이 거리는 조금 덜 가도 살걸음은 여섯 돈 화살보다 안정적이다.

역사적으로 다양한 활이 명멸했듯이, 화살도 제작에 동원하는 재료와 용도에 따라 다양했다. 인마 살상용으로 쓰일 때는 쇠, 동(銅), 뼈, 돌 등을 화살 끝에 살촉으로 붙였고,[32] 화살대로 사용하는 재료에 따라 싸리나무 또는 광

도판29_ 죽시 구조도

죽시를 만드는 대나무는 자란 지 두
해째가 되는 생죽, 곧 과년죽(過年
竹)이 가장 좋다. 강함과 부드러움을
동시에 지녔기 때문이다. 그림에는
표시하지 않았지만 대나무로 만들었
기 때문에, 죽시에는 가지나 입새가
자랐던 흔적이 있기 마련. 그 흔적을
댓눈이라 하는데, 댓눈이 셋인 것이
보통이지만 댓눈이 아예 없거나 하
나나 둘인 경우는 살걸음이 느리다
(유영기·유세현, 《우리나라의 궁
도》). 오늬도피(桃皮)는 복숭아나무
가지에서 벗겨낸 껍질을 삶고 말리
는 가공 처리를 거쳐 오늬와 대나무
연결 부위의 습기 차단과 장식을 위
해 붙인 것이다.

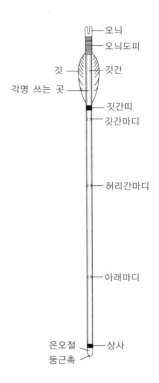

오늬
오늬도피
깃
깃간
각명 쓰는 곳
깃간띠
깃간마디
허리간마디
아래마디
은오절
상사
둥근촉

대싸리나무로 만든 호시(楛矢),[33] 대나무로 만든 죽시가
생겨났다. 대나무는 한반도 땅에서 북쪽으로 갈수록 그 재
질이 열악하기 때문에 고구려 쪽은 호시를, 반면에 통일신
라 시대 이래는 죽시를 주로 사용했다.

인마 살상용이 아닌 화살로는 효시(嚆矢)가 유명하다.
살촉 대신 청동 또는 뿔로 만든 명적(鳴鏑), 곧 소리통을

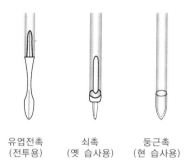

도판30_ 유엽전의 촉 변화

실선은 외부에 나온 외촉과 살대 안에 들어가 끼어있는 내촉을 보여준다. 현대의 둥근 촉은 해방 전에 이미 등장했다 하고(정진명, 《이야기 활 풍속사》), 본격적으로 도입된 때는 1950년대 후반이라 한다.

유엽전촉 (전투용)　　쇠촉 (옛 습사용)　　둥근촉 (현 습사용)

달았다. 거기에 뚫려있는 구멍이 공기의 저항을 받아 소리를 내기 때문에 신호용으로 쓰였던 것. 사냥 또는 전쟁의 시작을 알리는 용도인지라 효시가 '시작'의 대명사가 되었다.

오늘날 레포츠 용구가 되고 만 각궁에는 역시 대나무로 만든 죽시도판29가 제격. 지난날 무과 시험과 교습에 쓰이던 유엽전이라 일컫는 화살이 그 원조다. 촉이 버들잎을 닮았다 해서 유엽전인데, 과거에는 끝이 뾰족한 쇠촉이었다가 지금은 둥근 모양의 합금촉을 사용한다.도판30 개량 활처럼 개량 화살이 만들어지기 전만 해도 화살은 죽시를 일컫던 말이다.

죽시에는 각명(刻銘)이라고 화살 깃 사이에 주인의 이름 또는 표지(標識)를 적어놓는다. 여럿이 함께 활쏘기를 할 때 제 화살을 쉽게 식별하기 위해서다. 더해서 습사

때 활솜씨를 갈고 닦을 양으로 화살 다섯 대에 일(一)부터 오(五)까지 숫자로, 또는 오행(五行)으로 표시해놓곤 한다. 이 시자표(矢字標)의 순서대로 일자(一字)대부터 시작해서 오자대 또는 종(終)대까지 쏘고 난 뒤에 적중 위치 또는 무겁에 화살이 떨어진 위치를 가늠하기 위해서다.^{도판31}

오자대는 흔히 '지화자대'라 부른다. 편사 같은 활 대회 때 화살이 적중하면 '지화자'하고 노래패들이 추임새를 하던 노래 한 구절을 땄는데, 마지막 화살을 꼭 맞히라는 격려가 담긴 말이다.

죽시의 깃은 대개 꿩 날개깃을 사용한다. 옛날부터 꿩 날개깃을 애용해온 까닭은 꿩이 우리 산야에 많은 야금(野禽)인지라 깃털 구하기가 쉽고, 깃털이 촘촘해서 공기 저항을 제대로 받을 수 있으며, 그리고 한 번 날갯짓으로 먼 거리까지 활강(滑降)할 수 있는 꿩의 생태로 말미암아 화살이 경쾌한 살걸음 끝에 과녁에 제대로 적중할 수 있다고 보았기 때문이다. 이런 지혜는 필시 중국 쪽에서 건너왔지 싶은데, 한자의 '꿩 치(雉)'가 '화살 시(矢)' 변에 '새 추(隹)'를 써서 '화살처럼 나는 새'라는 뜻글자임에서 미루어 짐작된 바다. 또 한의학의 기초 경전으로 1596년에 명나라에서 간행한 이시진(李時珍)의 《본초강목(本草綱目)》은 "꿩이 나는 것은 마치 화살걸음과 같다. 한 번 날아가

도판31_ 전통 시대의 화살 각명, 컬린, 《한국의 놀이》에서

죽시에는 각명이라고 화살 깃 사이에 주인의 이름 또는 상징적 표지를 적기 마련이다. 그림의 각명 보기는 11센티미터의 화살깃 길이 안에 적은 것이다. 왼쪽은 궁사의 이름을 적은 것이고, 가운데와 오른쪽은 활솜씨를 갈고 닦을 양으로 화살 다섯 대를 쏘는 순서를 매긴 것이다. 가운데에는 다섯째인 '오자대'를 한자 '오(五)'로, 오른쪽은 오행의 순서를 빌어 '토(土)' 자로 표시해놓았다. 가운데 그림의 상단의 'O'과 오른쪽 그림 하단의 개울물 흐르는 모양은 궁사의 개인적 선호를 나타낸 상징 기호로 보인다.

서 머리를 박듯이 그대로 내리꽂힌다"고 적고 있다.

우궁이 쏘는 화살의 깃은 꿩 왼쪽 날개깃으로, 좌궁용 화살의 깃은 꿩 오른쪽 날개깃으로 붙인다. 우궁용 날개깃은 자연적으로 끝 부분이 약간 왼쪽으로 휘인 채 화살 허리와 평행하게 붙는다. 쏘기 위해 활을 치켜들 때 화살이 빠져 떨어지는 낙전(落箭)을 막기 위해 시위를 알파벳의 S 자로 약간 '쥐어짜기' 마련이기 때문에 발시하면 시위가 펴지는 힘을 받아 화살은 시계 방향으로 회전하면서 겨냥한 궤적을 따라 날아갈 수 있다. 반대로 좌궁용은 자연적으로 날개깃 끝 부분이 오른쪽으로 약간 굽혀져 붙고, 화살은 역 S자의 시위가 순간적으로 밀치는 바람에 시계 반대 방향으로 회전하면서 날아간다.

화살은 활의 출전피(出箭皮)를 스치고 나간다. 발시한 순간, 시위는 활몸 중심선에 떨어지는 시위의 추력 방향과 활몸 중간인 줌통 바깥을 싸고 있는 출전피를 스치고 나가야 하는 화살의 운동 방향 사이에 각도의 차질이 발생한다.^{도판32(가)} 때문에 시위가 퉁기면서 반발하는 강한 운동에 너지를 받은 화살은 순간적으로 허리spine가 휜다.^{도판32(나)} 곧이어 탄성체(彈性體)인 화살 허리의 복원력에 의해 원상태로 돌아가다가 다시 관성에너지에 의해 반대로 휘는 이른바 '궁사의 모순archer's paradox'이 발생한다(한국체육과학

140

연구원, 《양궁경기 훈련지도서》)

하지만 탄성을 가진 화살 자체의 복원력에다 목표 방향에서 만나는 공기의 저항을 받는 화살 깃의 도움으로 겨냥한 곳을 향해 날아갈 수 있다. 게다가 돌기 때문에 쓰러지지 않는 팽이처럼, 화살의 회전도 목표로 향한 살걸음을 안정되게 만들어준다.도판32

궁사의 모순과 관련해서 활은 강한데 무게가 낮은 화살을 쓰면 활의 추력(推力)을 견디지 못해 살 허리가 휜 상태를 회복하지 못한다. 반대로 화살이 무겁고 단단한데도 활이 약하면 화살의 허리가 굽지 않은 채 날아가기 마련이라 역시 과녁에서 빗나가고 만다.

궁시장

각궁과 죽시는 옛 장인들이 만들던 전래의 공예품이다. 각궁 가운데 가장 이름 있던 활은 경궁(京弓)이었다. 서울의 장인들이 만들던 것으로 선사들의 사랑을 받았다.

각궁과 죽시는 오늘날 전통공예품으로 여겨져 통상 '인간문화재'라 부르는 중요무형문화재 기능보유자들이 만들고 있다. 우리나라에서 중요무형문화재 제도가 생긴 것은 1962년에 문화재보호법이 제정되고 나서다. 1961년

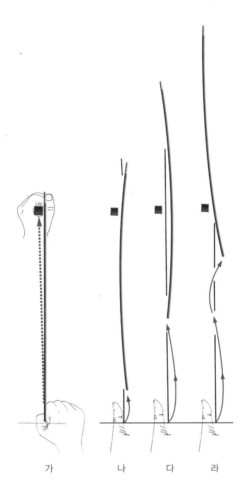

가　　　나　　다　　라

도판32_ 궁사의 모순

필자가 쏘는 활을 만작하면 당긴 시위와 줌 사이는 75.5센티미터, 화살의 조
준 방향과 점선 방향으로 시위가 추력을 내는 운동에너지 방향 사이의 각도
는 1.062도이다(가). 그림은 우궁의 경우인데, 궁사의 모순 때문에 생기는 살
걸음 궤적은 대부분 횡으로, 다시 말해 좌우로 움직이는 변화이다.

즈음부터 〈한국일보〉 예용해(芮庸海, 1929~1995) 기자가 기획한 '인간문화재를 찾아서' 라는 신문 기사 시리즈가 이 제도 도입에 도화선이 되었다.[34] 이 법에 따라 1964년부터 인간문화재들이 발굴, 지정되기 시작했다.^{도판33}

활과 화살의 제작 전문가는 중요무형문화재 47호 궁시장(弓矢匠)이라 분류되어있다. 궁시장은 활을 만드는 궁장

도판33_ 궁장 권영록(權寧錄) 인간문화재, 1986
권영록이 만든 활, 권중휘(權重輝) 구장

이 활은 인간문화재 궁장이 조부뻘인 안동 권씨 문중의 영문학자 권중휘 (1905~2003)에게 예물로 바친 것이다. 하지만 그때가 만년이라 활을 낸 적은 없다. 서울대학교 제7대 총장을 역임한 그는 창씨개명의 강압을 피해 일제강 점기 후반에 만주로 피난을 갔으며, 망국의 서러움 때문에 특히 충무공에 대한 흠모가 깊었다. 그래서 친구들이 임진왜란 때 통제영이 있던 한산도에서 따서 '한산(閑山)'이란 호를 지어주었다고 한다.

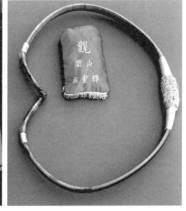

(弓匠), 화살을 만드는 시장(矢匠)으로 나뉘는데, 1971년 9월에 궁장에는 김장환(金章煥, 1908~1984), 장진섭(張鎭燮, 1919~?), 권영록(權寧錄, 1914~1987)이, 시장에는 이석훈(李錫勳, 1919~?)이 처음 지정되었다.[35] 궁시장들은 집안 대물림의 가업으로 이어온 경우가 대부분이고, 때로는 달리 살 만한 여유의 사람들이 활쏘기를 즐기다가 소일거리로 활을 스스로 만든 경우도 있었다.

기타 장비

활쏘기의 개인장구에 으뜸은 활과 화살이지만 활쏘기에 필수불가결한 개인 장구가 더 있다. 깍지, 전통(箭筒) 등이 그것이다.

깍지(角指, 角環)는 궁사가 엄지손가락을 꾸부려 거기에 활시위를 걸고 당길 때 손가락을 보호하기 위한 장치다. 한자어 '각지'가 된소리가 되면서 '깍지'로 바뀌었는데, 대개 쇠뿔이고 호사가(豪奢家)들은 상아, 은 등으로 만든 것을 사용한다.

형태는 세 종류다. 턱이 있는 턱깍지, 그리고 턱이 없이 반지처럼 생긴 평깍지 또는 암깍지, 그리고 혀가 아주 긴 숫깍지다. 턱깍지의 경우, 엄지손가락에 낀 깍지의 혀

| 턱깍지 | 평깍지 | 숫깍지 |

도판34_ 〈깍지들〉, 송영방, 종이에 수묵, 8×27cm, 2005

시위가 걸리는 턱이 있다 해서 턱깍지이고, 이와는 달리 일명 암깍지인 평깍지는 턱이 없다. 그래서 암깍지를 사용하면 손끝에 시위가 느껴진다. 예전에는 주걱처럼 혀를 내민 전형적인 숫깍지를 목전(木箭), 철전(鐵箭)을 낼 때 많이 사용했다.

에 활시위를 걸고 집게손가락과 가운뎃손가락으로 깍지의 혀를 감싸 쥐고 시위를 당긴다. 강궁을 쏘는 데는 혀가 있는 턱깍지가 훨씬 효과적이다.^{도판34}

깍지는 엄지손가락에 끼었을 때 손가락과 깍지 사이에 틈새가 보일 정도가 적당한 굵기다. 그보다 크면 발시한 순간 시위에 퉁겨 빠져나가기 쉽고, 너무 작아 손가락에 꽉 끼이면 피가 잘 통하지 않아 손가락 끝이 멍들곤 한다.

전통은 화살을 담는 통이다. 평소에 습사용으로 담아 두거나, 활 대회에 나갈 때 화살을 운반하는 용도다. 통으

도판35_ '관덕 · 반구'명 화살
통, 대나무와 유기, 91×4.5cm,
19세기 후반, 김형국 소장

모란 및 기하학적 도형의 문양
과 함께 상단에는 활쏘기의 대
명사인 '觀德(관덕)'이, 그리고
하단에는 활쏘기의 심득 사항
인 '내 탓이오'란 뜻의 '反求
(반구)'가 능숙한 도필(刀筆)로
활달하게 양각으로 새겨져있
다. 전통은 화살 여섯 대를 담
아둘 수 있는 굵기인데, 활쏘
기 대회에 나가자면 한 순 다섯
대와 부러질 경우를 대비한 여
분 한 대를 넣기 위함이다.

로 만들어서 화살이 비에 젖지 않도록 했으며, 어깨에 맬 수 있도록 끈이 달려있다. 나무, 대나무, 종이노끈으로 용도에 충실하게 만들기 마련이지만 지난날에는 은연중에 한껏 멋을 부렸다. 대나무 전통의 표면에는 아름다운 문양이나 뜻있는 문자를 새기기도 하고, 나무 전통에는 호랑이, 용, 다람쥐, 토끼 같은 모양의 고리 장식을 조각하기도 했다. 외양의 멋내기에 더해 값비싼 재료가 동원되기도 하는데, 호사가들은 나무 골조인 백골(白骨) 전통에다 자개를 바르거나 상어껍질인 사어피(鯊魚皮)로 감싸기도 한다.^{도판35, 36} 이런 옛 기법이 이어질 수 있도록 화살통 장인도 중요무형문화재 제93호로 지정되어있다.

이들 말고도 소소하지만 그러나 요긴하게 쓰이는 장구가 있다. 팔찌가 그런 것. 활 쏠 때 시위가 옷깃을 때리지 않도록 활을 잡은 팔의 소매를 묶는 네모난 천 또는 가죽으로, 전비(纏臂) 또는 습(拾)이라고도 한다. 긴 천으로 된

도판36_ 나전칠기 화살통, 97×7.5cm, 19세기, 국립민속박물관 소장

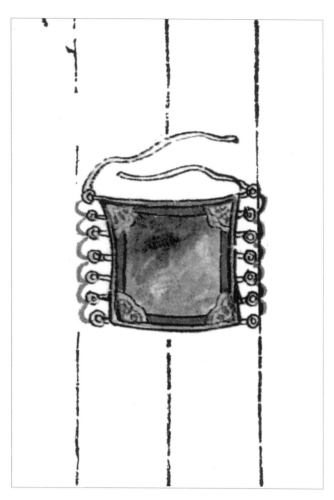

도판37_ 습, 《대사례의궤》, 서울대학교 규장각 소장

완대(緩帶)를 팔목에 몇 번 감아서 소매를 고정시킨 팔찌는 여러 개의 고리를 달아 고정시킨다.^{도판37}

그리고 깔지〔補리〕는 얹은 각궁을 사용하지 않을 때 활이 뒤집어지는 경우를 막기 위해 활몸과 시위 사이에 임시로 끼워놓는 것으로 굵은 실, 노루가죽, 사슴가죽 등으로 만든다. 활을 쏘는 동안에는 가운뎃손가락으로부터 약손가락까지 세 손가락에 끼워둔다 해서 '삼지(三指)끈'이라고도 부른다.

활을 쏘다

활쏘기란 심사(心射), 즉 마음으로 쏘는 것이니,
마음을 먹으면 손이 응한다.
쏘아서 맞지 않으면 마음가짐과 자세를 반성한다.

활쏘기 입문은 순전히 개인적 취향에 따른 선택이다. 유도, 검도, 궁도 등을 국기로 삼아 일찍이 학교의 정규 과외 과목에 포함시킨 일본처럼, 우리도 문화 전통으로 보아 궁도를 학교의 중요 과외 과목으로 삼을 만도 했다. 하지만 교양 과목으로 개설하고 있는 육군사관학교, 1학년 필수 과목인 민족사관고등학교 같은 아주 드문 경우를 빼고는 체육 교육 또는 학교 과외 교육의 대상에 오르지 못했다. 몇몇 대학과 고등학교에 겨우 국궁 동아리가 있을 뿐이다. 웬만한 대학의 선택 교양 과목으로 골프 강좌가 개설되는 경우와 대조된다.

반면 양궁은 대학 입학 특전 등의 혜택이 있는 엘리트 체육으로 보급되어 2005년 현재 5개 실업팀, 16개 대학팀, 26개 고등부팀, 78개 중등부팀, 96개 초등부팀이 있다. 초·중·고교 음악 시간이 대부분 국악이 아닌 양악으로 채워진 우리 현대 교육의 편향과 닮았다고나 할까.

활쏘기 입문의 계기는 역시 먼저 국궁을 익힌 친지의 권유가 많이 작용한다. 자기가 좋으면 남에게도 즐겨 '강권'하는 한국인의 높은 '동류 확대 증후군'이 활쏘기에도 예외가 아닌 것이다.

친지의 권유는 그의 가르침 자청으로 이어진다. 운이 좋으면 사범의 가르침도 받을 수 있다. 활터에 사범이 있다지만 정규직이 아닌 명예직이 대부분인지라, 사범과 서로 시간이 맞닿아야 겨우 토막 배움을 얻을 수 있다.

지난날 임금이 활을 쏘던 곳이었다 해서, 그리고 20세기 초의 조선궁도협회, 이를 잇는 대한궁도협회의 요람이었다 해서 우리 궁도의 종가(宗家)라는 뜻으로 '국궁 일번지'라는 이름을 얻은 서울 사직동의 황학정은 종가답게 활 입문에 뜻이 있는 사람을 위한 '궁도교실'을 열고 있다. 참가 신청서 작성 때 한번 내는 궁도교실 참가비는 상징에 불과할 정도로 적은 금액이다.

1995년부터 시행 중인 황학정의 궁도교실은 "당신도 5주간이면 우리 활을 배운다"는 구호를 내걸고 다섯 단계의 5주간 교육 프로그램을 운영하고 있다. 매주 한 단계씩 나아가는 교육 과정에서 남들이 쓰다만 활터의 개량궁을 실습 교재로 삼아 제1단계는 궁대(弓袋) 매는 법, 활 얹고 또 지우는 법, 활 쥐는 법과 당기는 법을 연습하는 과정이고, 제2단계는 화살 먹이고 당기는 자세를 대형 거울 앞에서 연습하는 과정이다. 이 과정들에서 힘쓸 바는 자신의 체력에 합당한 장력의 활로 최대한 시위를 당길 수 있는 궁력을 기르는 일이다.

이어서 고침(藁砧)쏘기의 제3단계, 주살〔繒繳〕내기의 제4단계로 나아간다. 글자 그대로 짚 가마니를 쌓아둔 것이 '고침'인데, 3미터 정도 거리를 두고 실내에 설치한다. 직접 발시해서 짚 가마니 과녁을 맞혀보는 연습이 고침쏘기다.

뒤이어 '주살내기'가 기다린다. 주살은 화살촉을 사대 옆에 7~8미터 높이 장대 끝과 줄실로 묶어둔 것. '줄살'이 변화한 말이 주살인데, 여기에 묶인 화살을 당겨 발시 동작을 연습하는 것이 주살내기다. 주살을 쏘면 그 길이만큼 날았다가 부메랑처럼 되돌아오기 때문에 화살이 잘못 날아가서 생겨날 낭패를 염려하지 않아도 좋다. 이 시뮬레이션 연습 방식은 처음 사대에 설 때 겪게 될 발시 전후의 긴장된 마음을 미리 체험할 수 있는 장치이므로, 발시 동작을 익히는 데 필수적이다.

고침쏘기와 주살내기의 두 과정에서는 숨을 들이키면서 손목이 아닌 팔꿈치 힘으로 시위를 당겨 화살대 끝자락을 귀 밑 뺨에 붙인 상태에서 우궁의 경우, 두 눈을 뜬 채 오른쪽 눈으로 화살의 축이 과녁의 왼쪽 경계선과 일치하도록 겨냥하는 훈련을 쌓는다. 이때 턱 끝을 죽머리, 곧 어깨 끝으로 숙여 오른쪽 귀가 거울에 보일 정도의 자세를 취해야만 시위에 뺨이나 팔목이 맞지 않는다. 숙달된 구사일지라도 한순간 방심하면 활시위에 뺨을 맞기 일쑤라, 그래서 "임금님 뺨도 때린다"는 속담이 생겼다.

주살내기와 고침쏘기는 거의 비슷한 동작이다. 그래서 고침쏘기 장치가 있는 활터에서는 주살내기가 필요 없다는 주장도 있다. 하지만 둘은 각각의 특장이 있다. 주살내기는 화살이 부메랑처럼 되돌아오기 때문에 그걸 피하느라 활쏘기 직후의 자세, 곧 잔신(殘身)을 수습하는 데 약간의 차질이 있지만, 대신 무겁[堋]의 과녁을 직접 겨냥하는 사이에 사선의 거리감을 익힐 수 있는 미덕이 있다. 때문에 고침쏘기로 자세를 안정시키고, 연후에 주살내기로 현장감을 익히는 연습이 한결 체계적인 수련 방법이다. 게다가 주살내기는 경력이 붙은 궁사도 스스로 점검해서 자세를 안정시킬 수 있는 방식이므로, 두 단계를 거쳐 가는 것이 후일을 기하는 방도일 것이다.

마지막은 사대에 나가 사범의 지휘를 받으면서 직접 활을 쏘아보는 실사(實射) 단계다. 이 제5단계로 궁도교실을 마친다. 5주 교육 과정 이수는 보통 수준의 운동신경을 가진 청장년층이 일주일에 4일 이상 열심히 연습한 경우이고, 연령이 높거나 생업에 매여 그처럼 매진할 수 없을 때는 약 10주가 걸리곤 한다.

일련의 과정이 끝나고 마침내 입사 절차를 거쳐 활터의 정식사원이 되면 자유롭게 습사에 나설 수 있다. 습사에 임해서는 무엇보다 마음의 다스림이 필수적이다. 흔히 골프를 '멘탈mental 게임'이라 하는데, 평정심(平靜心)의 요구는 오히려 활이 더하다. 그래서 우리 활쏘기를 두고 심사(心射), 곧 마음으로 쏜다고 강조한다.

마음의 다스림은 열 가지 하지 말아야 할 불가(不可)의 다짐이자 그 실행이 대표적이다. 첫째, 다른 생각을 하는 것, 둘째, 다른 근심을 품는 것, 셋째, 정신없이 내는 것, 넷째, 술에 취해 내는 것, 다섯째, 몹시 배고플 때 내는 것, 여섯째, 너무 배부를 때 내는 것, 일곱째, 화났을 때 내는 것, 여덟째, 쏠 생각 없이 내는 것, 아홉째, 많이 쏘았음에도 그치지 않는 것, 열째, 다투는 것(국립민속박물관, 《무예문헌자료집성》).

이제 '마음을 먹으면, 손이 응한다[得於心 應於手]'는 다짐을 갖고 집궁, 곧 활쏘기 배움에서 가장 기본에 속하는 수칙(守則)을 실제 상황에서 실행한다. 실행하는 방식을 일컬어 '집궁(執弓) 팔원칙'이라 한다.

"먼저 지형을 살피고[先觀地形], 이어 바람의 형세를 살핌[後察風勢]"일이다. 새 활터에 가면 지세를 살피지 않을 수 없다. 그리고 사대에 설 때마다 풍세를 살펴야 한다. 활터의 지형이라 하면 사대에서 바라보는 과녁의 위치가 중요한데, 과녁이 사대보다 상대적으로 높은 곳에 있으면 위를 보고 쏜다고 앙사(仰射), 아래쪽에 있으면 하사(下射), 같은 높이에 있으면 평사(平射)라 한다. 풍세는 화살의 앞뒤 부위인 촉과 오늬〔筈〕에 비유해서 사대 앞에서 불어오는 바람을 '촉바람', 뒤에서 부는 바람을 '오늬바람'이라 부르거나, 또는 줌손을 기준으로 '줌앞바람', '줌뒷바람'이라 부른다. 풍향에 따라 화살이 덜 가거나 더 가기 때문에 활터에는 그걸 짐작하도록 풍기(風旗)가 설치되어 있다.

막상 사대에 서면 "발의 위치는 정(丁) 자도 팔(八) 자도 아니며〔非丁非八〕,[36] 가슴은 비우고 배를 단단히 해야〔胸虛腹實〕" 한다. 대체로 '스트레이트 스탠스 straight stance'라고 두발을 과녁과 직각으로 두는 양궁과 달리, 국궁 방식은 "과녁이 이마 앞에 선다" 할 정도로 두 발을 과녁이 설치된 방향과 거의 나란히 둔 채 정면을 바라보고 선다.도판38

이때 두 발은 "몸 전체의 중량이 앞뒤 두 발에 고루 실리도록 서야 한다"고 황학정이 펴낸 입문서(김집, 《궁도입문》)에서 적고 있다. 그런데 《기효신서》 등 각종 중국무예서에서는 한편으로 "앞다리는 말뚝같이, 뒷다리는 절듯

도판38_ 〈비정비팔(非丁非八)〉

송영방의 발 모양 수묵 작업에다 컴퓨터 그래픽으로 과녁을 합성했다. 우궁인 경우 왼발은 저 멀리 과녁 정면을 향하고, 오른발은 발길이의 절반 내지 3분의 2가량 뒤로 뺀다. 그리고 궁사의 어깨 폭 만큼 벌린 뒤 오른발 끝이 15도 밖을 향해 서는 것이 비정비팔이다. 과녁에서 보아 오른발이 비스듬한 사선을 이루고 있는지라 '정(丁)' 자가 아니고, 거꾸로 과녁을 바라보아 오른발과는 달리 왼발이 15도가 아닌 0도를 유지하기 때문에 '팔(八)' 자가 아니다. 그래서 비정비팔인 것이다.

이"하라 했고, 이와는 정반대로 "앞발은 계란을 밟듯이, 뒷발은 살모사나 전갈을 밟듯이 하라" 했다. 이처럼 앞뒤 발의 힘주기를 서로 반대로 말한 것은 사법을 적은 명궁들의 개인적인 스타일이 다른 탓일 수도 있고, 중국의 사법은 대체로 전투할 때의 보사법을 염두에 두어, 이를테면 숨겼던 몸을 유사시에 일으키면서 쏘거나 걸으면서 쏘는 자세를 적은 때문일 수도 있다. 이에 견주어 오늘의 우리 사법은 심신 수련을 위해 서서 쏘는 입사 자세를 취하기

때문에 두 발에 힘을 고루 주어야 한다고 말하는 것이다.

한쪽 발을 약간 뒤로 빼는 비정비팔 자세는 직접적으로는 발시 자세의 안정에, 부차적으로는 배 근육 운동에 효과적이다. 가슴을 비운 채 아래 단전 부위에 힘을 주면 궁력도 좋아지려니와 건강 증진의 단전 호흡 효과를 올릴 수 있다는 말이다. 그런데 활터마다 사풍(射風)이 있기 마련인지라 비정비팔 대신 거의 양궁 자세를 취하는 곳도 적잖다.

이제 활쏘기가 시작된다. '집궁 팔원칙' 가운데 뒷부분의 실현이다. "줌손은 태산을 밀듯 앞으로 버티고〔前推泰山〕, 시위를 당긴 깍짓손은 호랑이 꼬리같이 펴야〔發如虎尾〕" 한다. 이 대목은 '지좌굴우' 라 말하는 중국 사법의 금과옥조와 닮았다. "왼손은 태산같이 버티고 오른손은 어린아이를 감싸듯" 한다는 뜻이다.

구체적으로 화살촉이 '줌손', 곧 활 잡은 손의 엄지손가락 첫마디까지 거의 닿는 것을 느낄 정도로 만작(滿酌)을 실행한다. 만작은 퍽 시적인 표현이다. 중국 문헌들이 '가득 차다' 는 뜻의 '만(滿)' 또는 '사정권' 이란 뜻이기도 한 '구(彀)', '입구(入彀)' 라고 표현하는데 견주어, 만작은 술을 잔에 가득 채운다는 뜻을 담고 있음이 그렇다. 여기서 화살촉 연결 부위인 '상사' 가 줌손의 구부린 엄지손가

도판39_ 〈실악사도(實握射圖)〉

그림은 중국 사법의 하나인데, 뒷손의 손가락에 걸린 화살 끝을 볼에 붙이는 우리 사법과 다름을 보여준다. "이 법은 활을 끝까지 당겼을 때, 왼 팔뚝이 활시위같이 곧고, 활은 달과 같이 굽으며, 앞은 평평하여 젖꼭지 같다." 중국 무예책 《기효신서》에 등장하는 사법의 하나다(국립민속박물관, 《무예문헌자료집성》).

락 첫마디와 닿는 느낌이 지촉(知鏃)인데, 《무비지》에서 이르길 지촉을 하지 않으면 "눈감고 활쏘기 하는 짓"이라 했다(국립민속박물관, 《무예문헌자료집성》). 만작을 느끼는 지촉의 중요성에 대해 맹자도 "예가 사람들에게 활을 가르칠 때에 반드시 '구'에 뜻을 두도록 했다"고 말했을 정도다.^{도판39}

시위를 "급하지도 않고 느리지도 않게"[37] 최대한 당긴 만작 자세에서 "눈을 깜빡이지 않는" 안법(眼法)으로 과녁을 겨냥한다. 이때, 줌손은 태산을 밀어붙이는 기색이라야 흔들림이 없다. 곧이어 줌손이 밀고 있는 힘과 깍짓손의 손목 아닌 팔꿈치, 곧 중구미로 당기는 힘이 공조(共調)하는 찰나, 이전(離箭)이 이루어진다.

여기서 말하는 찰나는 겨냥하는 사이에 두 팔이 밀고 당기는 힘이 '동태적 균형dynamic equilibrium'을 얻는 몇 초 간의 시간이다. 만작을 이룬 사이에 긴장이 고조된 나머지 신사들은 자칫 얼마동안 당기고 있는 모르기 일쑤고, 그래서 밀고 당기자마자 쫓기듯이 조급하게 발시하기 쉽다. 그렇게 하고도 운 좋게 관중을 기록하다보면 어느덧 버릇이 된다. 한번 버릇이 되면 적중률의 저하로 이어지고 마침내 활쏘기의 흥미를 아예 잃어버리는 지경으로 치달을 수 있다. 그래서 활터의 사범이나 선사들이 지사(遲射)하기를 강조하는 것이다.

이 찰나에 대해 옛 사법의 설명은 이렇다. "모름지기, 사람의 힘이 활을 이기면 '시위를 당겨 버티는 조(操)' 그리고 '생각한 이후에 과녁을 얻는 심(審)'이 뜻대로 된 것이다. 앞뒷손이 호응하는 바가 앞손은 '치듯이〔撇〕'하고, 당긴 시위를 놓는 뒷손은 마치 '자르듯이〔絕〕'한다" 했다 (국립민속박물관, 《무예문헌자료집성》). 옛 사법(이종화 엮음, 《활쏘기의 비결》)이 적고 있는 '쌍분(雙分)'이란 말처럼, 두 손으로 종이를 찢을 때도 양손의 힘이 함께 공조해야 하듯이 앞뒷손의 힘쓰기가 공시(共時)적이어야 한다는 말이다.

이 순간, 줌손은 잠시 그대로 요지부동인데, 깍짓손은 시위의 추력에 대한 반작용 때문에 뒤로 호랑이 꼬리처럼 펴져나간다. 최근 사법에서 '호미'의 발시 동작을 특히 중시하는 일단의 국궁동호인(온깍지궁사회)이 생겨나서, 이 원리대로 실행하려고 애쓰고 있다. 발시한 뒷손이 시위를 놓고 난 뒤 그대로 멈추는 양궁 사법을 일명 '게발떼기'인 '반깍지'라 한다면, 호미 발시법은 '온깍지'인 것이다.

이제 화살은 시위를 떠났다. "쏘아서 맞지 않으면〔發而不中〕, 자신의 마음가짐과 자세를 반성한다〔反求諸己〕"함은 "세상사 모두가 마음먹기에 달렸다〔一切唯心造〕"는 불교의 가르침과 상통하는 유교 가르침의 실행이다.

집궁 팔원칙이 궁술에 관한 내용이라면, 활쏘기가 심사(心射)라는 말처럼 궁도의 도력(道力)을 제고하려는 '구계훈(九戒訓)'이 있음직하다.38 우선 활터에서 더욱 마음 다짐해야 할 행실로 인애덕행(仁愛德行), 성실겸손(誠實謙遜), 자중절조(自重節操), 예의엄수(禮儀嚴守), 정심정기(正心正己) 등 다섯이 있다.

첫째, 인애덕행은 어짊과 사랑의 마음으로 덕성스럽게 행실한다, 둘째, 성실겸손은 성심과 겸손으로 행실한다,

도판40_ 습사무언, 석각, 황학정

구양순(歐陽詢, 557~641) 유필을 집자해서 황학정 사대 옆의 석벽에 새겨놓았다.

셋째, 자중절조는 자중하면서 절개와 지조를 지킨다, 넷째, 예의엄수는 예의를 엄수한다, 다섯째, 정심정기는 몸과 마음을 바르게 가다듬는다는 뜻이다.

이어 사대에 서면 현장에서 따라야 할 규칙이 두 가지 더 기다린다. 염직과감(廉直果敢)과 습사무언(習射無言)이다. 염직과감은 청렴·정직하면서 과감하게 행동하는 것이고, 습사무언은 활 연습할 때는 말을 삼간다는 뜻이다. 습사무언이 구계훈 가운데 가장 널리 알려진 사자성어인 것은 활쏘기에서 모든 사람이 꼭 지켜야 할 규율이기 때문이다. 골프장에서 선수들이 경기 중일 때 갤러리 관객들이 침묵을 지켜야 하는 이치와 꼭 같다.

그래서 이 네 글자를 사대에 서면 사원들의 눈에 가장 잘 띌 수 있는 곳에 새겨놓는 것이 우리 활터의 풍경이 되었다. 6·25동란 뒤에 세상이 차츰 안정될 무렵, 서울 황학정에서 처음 세워놓은 '습사무언' 입석(立石) 간판이 전국 활터로 퍼져나간 것이라 한다.^{도판40}

활쏘기 전후, 곧 거궁(擧弓) 전후의 거취에도 두 가지 규칙이 있다. 타인의 활을 당기지 않는 막만타궁(莫彎他弓)과 이긴 사람을 원망하지 않는 불원승자(不怨勝者)의 실행이다. 전자는 활쏘기 전후의 수칙이고, 후자는 활쏘기 뒤의 마음 다스림이다.

이렇게 다짐한 채 막상 사대에 서면 처음 겪는 일이 모두 그러하듯이 어쩐지 순간순간이 불안하기만 하다. 시위를 약간 꼬아쥔 채로 화살을 제대로 끌어당기지 않으면 어느 순간 화살이 당기고 있는 활몸에서 떨어지는 낙전(落箭)이 되기 일쑤다.

그렇게 쫓기는 마음으로 하루 이틀 활을 내다 보면, 어느새 한 순에 한 대도 맞고 두 대도 맞는 기쁨이 '물 위로 뛰어오르는 고기'처럼 가슴 가득히 퍼져나간다. 처음 1중을 하면 사범을 비롯해서 구사들에게 찬물 한 그릇이라도 대접하는 일중례(一中禮), 3중을 하면 삼중례 식으로 인사를 차리는 사이에 한 순 다섯 대 화살을 모두 맞히는 '몰기'에 이르는 시점이 다가온다.

몰기는 기량이 '끝까지 갔다〔盡〕', '절대경지에 달했다'는 뜻이다. 활쏘기 기량이 일정 수준에서 안정되기 이전에도 입사자(入射者)의 학습 의욕이 충천하는 어느 시점에서 생체 리듬의 시운(時運)이 보태져 얼떨결에 '운 일곱,

기량 셋〔運七技三〕'의 조화로 몰기를 해내는 '기적'이 발생한다.

그런데 '기적은 기적적으로 생기는 법이 아니다'라는 말처럼, 몰기가 모든 입사자가 누리는 기쁨은 아닌 모양이다. 활에 입문한 지 몇 년이 지나도 몰기를 하지 못해 실의 끝에 활을 놓는 사람도 간혹 생긴다. 그만큼 활 배우기 시작한 사람에겐 접장 칭호를 안겨주는 첫 몰기는 젊은 시절, 들고 싶은 대학 합격에 비견할 만한 감격이다.

몰기를 처음 해내면 그 신사에게 비로소 접장이란 칭호가 붙는다. 시정에서 '누구 선생' 하고 부르듯이, 활터에선 '누구 접장' 식으로 부르는 것이다. 그런 접장이라는 말이 오늘날 학교 선생을 자칭·타칭하게 되었다는 사실은 지난날 그만큼 활 쏘는 사람이 많았다는 방증이다.

예절이 예전 같지 않다지만 처음 몰기를 기록하면 그 기쁨을 활터의 도반(道伴)들과 함께 나누는 방식은 지금도 여전하다. '고풍(古風)' 풍습에 따라 습사에서 거둔 시수가 흡족하면 그 자리에 있던 신하들의 간청에 응해서 임금이 선물을 내리곤 했던 인사치레의 현대판인 것이다. 고풍으로 말하자면 활솜씨가 신기에 가까웠던 만큼이나 정조의 고풍이 넉넉했다. 높은 신하들에게는 '길이 덜든' 반숙마(半熟馬)를, 문신들에게는 붓, 먹, 종이 심지어 귤 등을, 나머지 신하들에게는 쌀 한 섬, 돈 100닢을 하사하곤 했다.

몰기를 기록한 접장에게 활터도 가만히 있지 않는다. 현장에서 몰기를 목격한 사우들이 시지(試紙)에 그 사실을 입증해주고, 이어 활터의 사원 공동체인 '사계(射楔)'는 기념패 같은 기념물을 만들어 공식적으로 새 접장의 등장을 축하한다.

하지만 '일시천금(一矢千金)'이라고 화살 한 대를 천금의 값어치를 지닌 것으로 다룰 수 있는 자세가 몸에 배여 매일처럼 몰기를 기록하는 명궁일지라도, 매 순마다 그럴 수 없는 일이다. 해서 구사들이 몰기를 기록할 때도 옆에서 축하한다는 인사말을 듣기 마련이고, 몰기를 기록한 사우는 과녁을 향해 배례하는 것도 활터의 풍속이다.

과녁을 향한 경배는 과녁 그 자체에 대한 것일 리 만무하다. '되고 싶은 나 자신'에 대한 인사인데, 인사치고 자신을 치하할 수 있는 인사만 한 것도 세상에서 없을 것이다. 몰기에 이어 신사가 습사를 거듭한 끝에 두 순을 연이어 맞히는 연(連)몰기, 세 순을 모두 맞히는 연삼(連三)몰기 등을 기록할 때도 초(初)몰기 때와 비슷한 공식, 비공식의 축하가 사우들끼리 오간다.

일련의 활쏘기 과정이 개인적으로나 사회적으로나 초

기 인류 역사에서 막중했던 만큼, 활쏘기 전문 용어는 자연럽게 일반의 생활용어로 널리 확산되었다. 이를테면 '사(史)'는 활쏘기에서 적중수를 헤아리는 사람이었고, '목적(目的)'은 과녁에 시선을 집중한다는 뜻이었다. '긴장(緊張)'은 활을 쏘기 위해 시위를 맨다는 뜻에서, '해이(解弛)'는 활시위를 푼다는 뜻에서, '적중(的中)'은 과녁에 화살이 맞는다는 뜻에서 유래했다. '성궁(聖躬)'은 임금 신체를 가리키는 말인데, 임금된 성스런 사람은 몸소 본보기를 보임이 본분이라 해서 '몸을 활처럼 굽힌다'는 뜻의 궁(躬)이 들어있는 것이다. 어디 임금만인가. 동서고금을 가릴 것 없이 백성들은 각계 지도층에서 모름지기 '겸양궁행(謙讓躬行)', 곧 겸양의 마음으로 활처럼 몸을 굽혀 소임을 다해주기를 간절히 바라고 있다.

활터에서

뒤로는 산언덕을 등지고,
앞으로는 들판이 내려다보이는 곳에 정자 한 채를 얽어 짓는다.
정자 남쪽은 평탄한 들판이 드넓게 펼쳐있어서 활을 쏘기에 적합하다.
한가한 날 두 사람이 함께 서서 활을 쏘는 장소로 삼는다.

활쏘기를 배우고
즐기는 사람들이 모인 활터 또는 궁터는 공동체이자, 조직
이자, 심신 수련의 도장이다. 남녀불문하고 노소동락(老少
同樂)하는 곳이기에 공동체이며, 활쏘기가 가능하도록 여
건을 조성하고 관리한다는 점에서 조직이며, 활쏘기가 적
어도 약 2000평의 땅이 필요한 일종의 장치(裝置) 레포츠
인 점에서 꽤 넓은 터전의 도장이라 하겠다.

이처럼 활터는 공용 시설이기 마련이지만, 지난날에는
어쩌다 개인 소유도 있었던 모양이다. 그럴 법함은 조선 시
대 실학자 서유구(徐有榘, 1764~1845)가 지은 《임원경제지
(林園經濟志)》에서 은자(隱者)가 갖출 만한 집 바깥의 외부
공간 하나로 활터를 들고 있기 때문이다(안대회 엮어옮김,
《산수간에 집을 짓고》). 거기에 적힌 활터는 이런 모습이다.

"뒤로는 산언덕을 등지고, 앞으로는 들판이 내려다보
이는 곳에 정자 한 채를 얽어 짓는다. 장송(長松)과 늙은
느티나무는 좌우에서 짙은 그림자를 드리우고, 이끼는 대
지를 뒤덮어 푸른 담요에 앉은 느낌을 자아낸다. 정자 남
쪽은 평탄한 들판이 드넓게 펼쳐있어서 활을 쏘기에 적합
하다. 백수십 걸음 떨어진 곳에 자그마한 둔덕이 가로로

걸쳐있어서 이 둔덕에 붙여 과녁 두서너 개를 설치한다. 한가한 날 두 사람이 함께 서서 활을 쏘는 장소로 삼는다." 이 묘사는 옛말로 치면 활터에 대한 풍수 이론의 적용이고, 요즘 말로 하면 활터의 입지론(立地論, location theory)인 셈이다.

활터가 갖는 장소적 특징은 무엇보다 활 쏘는 사대(射臺)와 거기서 한참 떨어진 곳에 세워둔 과녁이 있다는 사실이다. 활터에 세워둔 과녁은 한곳에 고정되어있다 해서 '터과녁'이라 부른다. 예전에 궁중이나 마을에서 잔치가 벌어지고 그 일환으로 활쏘기가 곁들여졌을 때는 우리말로 '솔' 또는 '솔포'라 하는, 베로 만든 과녁(射布, 布侯)을 임시 과녁으로 사용했다.

솔포의 중앙에 사각형의 베를 붙인 것이 '정(正)', 대신에 가죽을 부착시킨 것이 '관(貫)' 또는 '곡(鵠)'이다. 여기서 '정곡을 찌른다'는 말이 생겼다. 관은 '가운데'를, '적(的)'은 곧 정곡을 가리키는 말이니 둘은 같은 뜻이다. 주나라 관제를 적은 《주례》에 따르면 활의 강약에 따라 표적도 달랐는데, 쎈 활은 갑옷(甲)과 가죽(革)으로 만든 표적에 쏘았다. 여기서 관혁(貫革)이란 한자어가 나왔고, 이것이 다시 우리말로 고유화해서 '과녁'이란 낱말이 되었다. 더불어 나무로 만든 고정식 표적도 과녁이라 부르기에 이른 것이다.

전통 시대의 우리 임금은 붉은 빛깔 베 바탕에 웅후(熊侯)를, 종친과 문무관은 파란 빛깔 베 바탕에 미후(麋侯)를, 무과 시험과 교습은 역시 파란 빛깔 베 바탕에 축후(豕侯)를 솔포로 사용했다. 웅후는 높이와 너비가 열여덟 자(5.45미터)이며, 가운데의 관은 사방 여섯 자(1.82미터) 크기의 흰색 가죽을 붙이고 곰 머리를 그렸다. 미후와 축후도 전체 크기와 관의 크기는 웅후와 같다. 다만 흰색 관 바탕에 각각 순록 머리와 돼지 머리를 그렸음이 서로 다르다. 정조처럼 활 솜씨가 빼어났던 경우는 더 작은 가죽〔小小片革〕 또는 베〔小小片布〕로 과녁을 만들어 습사에 사용하기도 했다.도판41

한편, 민간 향사(鄕射)에 사용하던 과녁은 중포(中布)라 하여 세로 열넉 자(4.24미터), 가로 열 자(3.03미터) 규격으로, 중국의 옛 제도에 따라 그 표면에 사슴, 멧돼지, 꿩, 토끼, 물고기 등을 그렸다. 한편 옛적에 농사짓던 사람들이 틈틈이 혼자 활쏘기를 즐길 때 '벌터질'이라 해서 일정 거리에 꼴을 담은 지게 또는 볏짚단을 세우고 그것을 양쪽 과녁으로 삼아 둘 사이를 오가면서 활을 냈다.

현행 과녁과 사거리는 조선 시대 무과 시험 과목이자 민간의 활쏘기용이던 유엽전의 관행을 참고해서 대한궁도

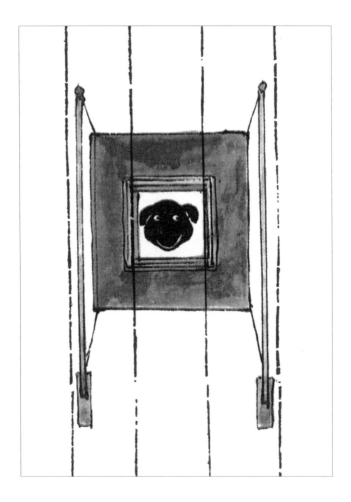

도판41_ 웅후(왼쪽)와 미후(오른쪽)

사포의 크기는 5.45×5.45미터이고, 사위(射位)에서 후까지 거리는 90보다. 90보는 108미터에 해당한다(《대사례의궤》, 서울대학교 규장각).

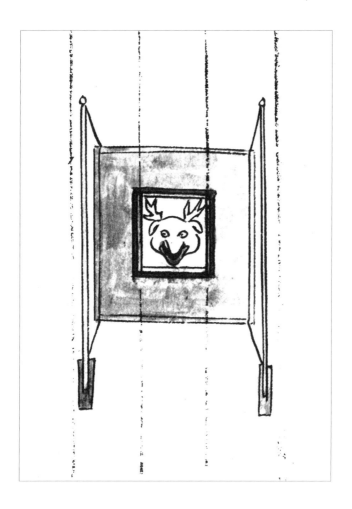

협회가 1963년에 정한 것. 이 신식 과녁은 5~6센티미터 두께의 소나무 판자로 만들고, 고무를 입힌 표면에 도료를 칠한다. 고무를 입힌 것은 무엇보다 화살촉이 맞아 생기는 표면 손상을 줄이기 위해서다. 과녁의 규격은 가로 여섯 자 여섯 치(약 2미터), 세로 여덟 자 여덟 치(약 2.67미터)의 직사각형이다.

터과녁, 곧 활터 고정식 과녁은 뒤로 15도 기울여 세운다. 과녁 설치의 안전성을 확보하고, 화살이 잘 맞도록 고안된 것이다. 강궁들은 '빨랫줄 살'이라 해서 화살이 거의 일직선으로 날아가는데, 정확하게 조준하지 않으면 빗나가기 쉽다. 이에 견주어 대개의 궁사들은 '고배(高排) 살'이라 해서 '반달의 반 정도' 곡선을 그리며 날아가는 살걸음이기 쉽다. 제사나 잔치에서 과일, 과자, 떡 같은 음식을 그릇 위로 둥그렇게 수북이 쌓는 것이 고배인데, 살걸음이 고배를 닮았다 해서 고배 살이다. 이 사법에서는 기하학적으로 15도 경사일 경우에 가장 표면적이 넓은 과녁을 만날 수 있다. 적중률이 높은 사법이란 말이다.

과녁의 모양, 특히 도색 방법이 변화를 보인 것은 비교적 최근 일이다. 터과녁의 원형은 나무로 후(侯), 곧 과녁 전면을 만들고, 그 높이와 넓이의 삼분의 일 길이로 관을 검은 직사각형 '흑심(黑心)'으로 그려넣는 방식이었다. 이

방식의 오래된 물증은 1702년에 신임 제주목사가 관할 지방을 순찰하던 모습을 담은 모두 마흔 폭의 《탐라순력도첩(耽羅巡歷圖帖)》[39] 가운데 한 폭인 〈대정강사(大靜講射)〉에서 확인할 수 있다.[도판42]

동관(童貫), 곧 아기관으로 보이는 나무 과녁은 윗부분에 한 일(一) 자가 없다는 점에서, 1928년경의 황학정 과녁이나 이 무렵에 출간된 《조선의 궁술》 책에 나온 것과 닮았다. 19세기 말에 조선을 다녀간 외국인이 "과녁은 검은 사각형, 곧 관이 있는 네모난 판"이라 했던 관찰과도 다를 바 없다(컬린, 《한국의 놀이》). 다만 크기는 무과에서 시행한 유엽전 과녁으로, 현행 과녁보다 작은 세로 여섯 자 여섯 치(약 2미터), 가로 네 자 여섯 치(1.4미터) 규격이었던 것으로 짐작된다.

터과녁이 오늘의 모습을 보인 때는 1960년도 사진이 확인해주듯 적어도 1959~1960년 사이가 분명하다(황학정, 《황학정 백년사》). 까닭은, 이전의 1958년도 황학정 과녁 사진에서는 관 위의 한 일(一) 자가 길쭉한 직방형 인쇄체가 아닌 서예체 모양이었기 때문이다.

나무 터과녁의 관 위에 일자의 등장을 확인할 수 있는 오래된 물증은 역시 《탐라순력도첩》의 한 폭인 〈제주전최(濟州殿最)〉에서 찾을 수 있다. 과녁이 둘 설치되었는데 관

도판42_ 〈대정강사〉, 《탐라순력도첩》, 김남길(金南吉), 종이에 채색, 55×
35cm, 1703, 개인 소장

강사(講射)는 강유(講儒), 곧 유학을 공부하는 사람들의 활쏘기란 뜻이다. 숙
종 때인 1702년 11월 12일에 교사장 5인, 강유 42인이 참석한 가운데 21명이
활을 쏘았다고 적혀있다. 파군산(破軍山) 뒤로 향교가 보인다. 활 잘 쏘는 사
람을 골라 뽑는 모습이다. 과녁으로 솔포와 아기관으로 보이는 흑심관 터과
녁이 각각 하나씩 설치되어있다.

덕정 정자 쪽에서 바라보면, 오른쪽 과녁의 관 위에 한 일 자가, 왼쪽 것 관 위에 두 이(二) 자가 그려져있다.^{도판43} 그런데 같은 도첩 가운데 하나인 〈명월시사(明月試射)〉에는 큰 솔포 앞에 동관처럼 보이는 나무 과녁이 하나만 세워져 있는데도 한 일 자 아래에 직사각형 흑심관이 그려져 있다. 오늘의 과녁과 거의 같은 모습이다.^{도판44} 그리고 솔포의 모양도, 상단에 이괘가 그려졌다는 점에서, 경향(京鄕)에서 개최된 대·소사례에서 사용되던 모습과 다를 바 없다.

이상을 종합해보면 전통 시대에 나무로 만든 터과녁이 하나이었던 경우, 흑심관만을 그려넣은 것도 있고, 그 관 위에 한 일 자를 그려넣은 것도 있었다. 하지만 터과녁이 하나 이상일 경우는 일관(一貫), 이관(二貫)을 구별하기 위해 관 위에 한 일 자, 두 이 자를 각각 그려넣었다.^{도판45(나), (다)}

관 위에 즐겨 한 일 자를 그려넣은 경우가 과녁의 대명사가 될 정도였음은 특히 경기 일원 활터의 노랫가락에서 확인된다. 활터끼리, 또는 마을끼리 편사놀이에서 편장(便長), 곧 편사에 출전한 팀 우두머리가 쏠 때 흥을 돋우던 가락이다. "청산에 일 자 과녁 세워놓고/ 고전(告傳)을 두는 것은 국가나 사가(私家)나/ 국지사법(國之射法)은 매 일반 아니더냐// 양(兩) 편장님 활 쏘시는데/ 원근낙지(遠

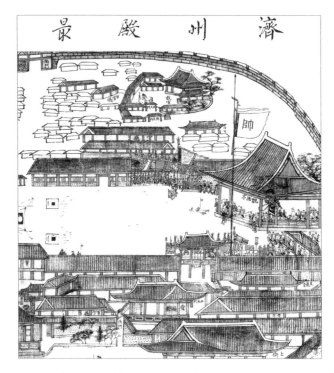

도판43_ 〈제주전최〉, 《탐라순력도첩》, 김남길, 종이에 채색, 55×35cm, 1703, 개인 소장

1702년 11월 17일의 '전최' 행사를 그린 것. '전최'는 각 고을 수령의 실적을 조사하여 중앙에 보고하던 일을 일컫는다. 오른쪽에 제주 유일의 국가 지정 목조 문화재(보물 322호) 관덕정이 보인다. 관덕정 난간에서 쏜 화살이 흑심관이 그려진 터과녁 앞에 즐비하게 떨어져있다. 두 과녁에는 차례를 말해주는 一(일) 자와 二(이) 자가 관 위에 그려져있다. 세종 때인 1448년에 병사 훈련과 무예 수련의 목적으로 훈련청이 창건되었는데 훈련 사령부의 건물 이름을 활의 다른 이름인 '관덕'으로 붙였다. 현판은 당대의 명필 안평대군이 적었다고 전한다. 현존 현판은 임진왜란 전후로 영의정을 지냈고 서화에도 능했던 이산해(李山海, 1539~1609)의 글씨다.

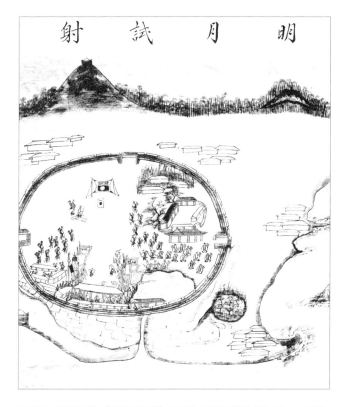

도판44_〈명월시사〉,《탐라순력도첩》, 김남길, 종이에 채색, 55×35cm, 1703,
개인 소장

1702년 11월 14일에 명월진성(明月鎭城)에서 활 잘 쏘는 사람을 시취하는 장
면이다. 그때 사원 141명이 참여했다 한다. 큰 솔포 앞에 세워둔 터과녁 일자
관은 아기관으로 보인다. 명월진성은 제주섬 서쪽 애월과 대정 사이의 군사
적 요충지였다. 1270년, 여몽연합군에 쫓긴 항몽 세력인 삼별초군이 마침내
최후의 보루로 제주섬에 올랐을 때 상륙한 지점이기도 했다. 지금은 북제주
군 한림읍 명월리의 명월성지로 제주도 기념물 제29호이다.

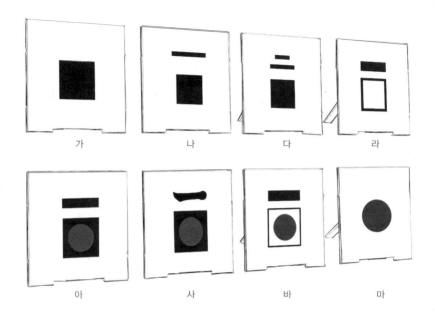

도판45_ 터과녁의 변화

(왼쪽 위부터 시계 방향으로)

(가) 흑심관·사각관 과녁: 〈대정강사〉(1702), 황학정(1928), 《조선의 궁술》
　　(1929)

(나) 일자 흑심관 과녁: 〈제주전최〉(1702), 〈명월시사〉(1702)

(다) 이자 흑심관 과녁: 〈제주전최〉(1702)

(라) 일자 과녁 또는 동자 과녁: 한말 경기 지방, 현행 황학정 동관

(마) 홍심관·알관 과녁: 일제강점기 전반

(바) 일장기관 과녁: 일제강점기 후반, (라)와 (마)의 조합

(사) 서예체 일자 과녁: 황학정(1958)

(아) 황학정 과녁(1960), 대한궁도협회 규격 과녁(1963)

도시한 과녁들은 모양을 보여주려고 필자가 구성한 것이기 때문에 실제 규격
과는 차이가 있다. 이를테면 현재 사용 중인 대한궁도협회 규격 과녁 (아)의
관 실제 비율은 홍심과 이를 둘러싸고 있는 흑심관이 그림보다 훨씬 크다.

近落地)도 좋거니와/ 좌우분지(左右分地)도 좋거니와/ 맞는 것은 자상(仔詳) 분명하게 아뢰어라." 과녁 부근에서 적중 여부를 알려주는 고전에게 들려주는 내용인데, '원근낙지', '좌우분지'는 화살이 과녁 주변에 떨어지는 광경을 묘사하고 있다. 관 위에 일자를 그린 것은 18세기 초 제주 관아의 관행이나 민간 사정이나 마찬가지였다는 사실이다.

그런데 경기 일원의 일자 과녁 또는 다른 이름인 눈썹 과녁은 관을 전체적으로 검게 칠하지 않고 외곽선만 검게 그려 '입 구(口)'자 모양이 되기도 했다. 더해서 관 위에 한 일 자가 보태진 끝에 과녁 전체가 멀리서 보면 같을 동(同) 자로 보여 '동자 과녁'이라 불렀다.도판45(라) 이 대목에 대해선 한평생 활터만 맴돌았던 황학정 김경원 사범의 기억이 생생하다.

"과녁은 그냥 '입 구'자로 되어있었대요. 다른 것은 옛날에는 과녁 가운데 빨간 칠은 없었다는 게 어른들의 말씀입니다. 그래서 '같을 동'자 모양이 된다고 하더라고요. 그래서 '입 구'자 안에 맞은 것은 관, 바깥에 맞은 것은 변이라 하지요. 지금은 가운데 맞으나 구석에 맞으나 다같이 하나로 치잖아요. 관과 변의 구별은

편사 할 때 판정 시비가 생기고[40] 그 때문에 패싸움까지 났던 피폐 때문에 6·25동란 이후에는 꽂히지 않은 과녁이 등장했고, 관과 변의 구별이 없어졌습니다."

'동화(同化)'가 되었든 '화동(和同)'이 되었든, 둘 다 우리 유교 문화권이 좋아하는 말인 점에서 과녁이 '동'자로 보였던 것은 궁도인에게 고소원(固所願)의 대상이었다. 전자는 '다른 것이 같아짐'이란 뜻이고, 후자는 '두 사람 사이가 벌어졌다가 다시 뜻이 맞아짐'이란 뜻이다. 둘의 출처는 '같지 않아도 (군자는) 화합한다(和而不同)'는 공자 말이었을 것이다. '화이부동'이란 사자성어는 현대 중국을 만든 전략가 저우언라이 총리가 가장 좋아한 말이기도 한데, 이 명구처럼 화살이 과녁을 때리는 순간은 바라고 바라던 '나와 과녁이 같아지는' 순간이 아니던가.

터과녁 한 가운데에 흑심 계열의 사각형 관^{도판45(가)~(라)}을 그려 넣는 방식과 함께, 경기도 일원 등 일부 지방에서는 붉은색 원형 관, 일명 '알관' 또는 '홍심(紅心)관'^{도판45(마)}을 그려넣는 과녁도 등장했다.[41] 그럴 법도 한 것이 홍심은 단심(丹心) 또는 적심(赤心)과 일맥상통하는 말인데, '지성(至誠)을 다하는 마음'이란 뜻의 단심은 바로 활쏘기에서 철칙으로 통하는 마음 자세인 것이다.

홍심관 계열의 과녁은 딱히 언제부터 전국적으로 확산되었는지는 확인할 길이 없지만, 일제강점기 초반 즈음에 동자 과녁의 사각형 관 안에 빨간 원을 그려넣는 방식으로 변모했다.도판45(바) 이는 조형적으로 홍심관 과녁과 동자 과녁의 조합인 셈이다. 가뜩이나 활터가 독립운동자금 전달의 아지트가 된다며 국궁 자체에 의혹의 눈길을 감추지 못하던 일제는 과녁의 붉은 알관이 바로 일장기를 닮았다며 그걸 쏘는 것은 불충이라고 호통을 쳤다. 서울과 경기 일원에서 필시 먼저 그랬지 싶은데, 그러자 붉은 원 바깥의 관 사각을 검게 칠해 일제의 질책을 피했고,도판45(사) 이게 오늘의 과녁으로 발전하는 바탕이 되었다.[42]

검은 관 안에 홍심이 든 과녁이 전국적으로 빠르게 확산한 것은 국민정서로 굳어진 반공이념이 부채질한 결과이기도 했다(황학정,《황학정 백년사》). 해방되고 얼마 뒤 발발한 6·25동란을 계기로 이 나라에서는 반공 이념이 하늘을 찌른다. 이 여파로 1954~1955년 무렵부터 관 사방을 거의 채우는 지름 1미터의 큰 홍심이 그려진 과녁이 활터의 표준 관행으로 굳어진다. 무당들이 저주의 대상에 바늘 찌르기를 하듯, '빨갱이'를 쏜다는 뜻이다.도판45(아) 홍심으로 저주하려던 공적(公敵)이 일제 군국주의에서 북한 공산주의로 옮겨간 셈이다.

도판46_ 황학정의 과녁과 아기관, 2005

가운데 작은 아기관은 시수의 우열을 가리기 어려운 고수들끼리 시합할 때 사용한다.

공산주의 적색혁명에 대한 알레르기 반응은 말로도 나타났다. 두 팀이 다투는 경기를 홍백전이라 하던 것을 6·25동란 이후엔 청백전이라 고쳐 부른다. 홍백전이라는 말은 일제강점기의 잔재였다. 피아(彼我)를 홍과 백으로 나누어 경기를 즐기는 것이 일본의 오랜 풍습이다. 지금도 한 해 마지막 날에 일본방송협회 NHK는 '가요홍백전'이라는 가요대회를 연례행사로 열고 있다. 하지만 우리는 공적을 역사적으로 상징해온 붉은 색으로 내국인끼리 편을 가르는 일은 당치 않다며 대신에 청팀이라 불렀다.

아무튼 사진으로 그 실체를 파악할 수 있는 1960년의 황학정 과녁이 1963년에 제정된 대한궁도협회 규약을 통해 이 시대 과녁으로 전국 통일적으로 굳어져 오늘에 이르고 있다.도판46 하지만 그 모양이 역사적으로 변화를 보여온 것처럼, 오늘날에도 구조적 변화까지는 아닐지라도 부분적인 변용이 이루어지고 있다. 이를테면 경상남도 통영의 한산정은 상단부 일자선 가운데에 흰 여백을 두는데, 여백이 하나면 일관, 둘이면 이관 식으로 과녁 차례를 식별하고 있다.도판47 서울의 살꽂이정이나 경기도 용인의 용무정 같은 곳에서는 홍심 안에 그려넣은 장방형 흰 선이 하나이면 일관, 둘이면 이관 식으로 과녁을 구분하고 있다.

국궁의 직사각형 과녁은 양궁과는 모양이 대비된다. 양궁의 타깃도 국궁 과녁의 홍심과 마찬가지로 둥글지만, 국궁의 홍심은 시수에 전혀 영향을 미치지 않는다. 그리고 양궁의 타깃은 사거리에 따라 다양해 50미터까지는 지름 80센티미터, 그 이상은 지름 122센티미터의 원형 타깃을 사용한다.

과녁 모양만 다른 것이 아니라 활을 잡는 방법 특히 화살을 쥐는 방식도 판이하다.도판48 국궁은 뿔로 만든 깍지를 낀 엄지손가락을 구부려 시위를 당긴다. 반면 양궁은 가죽

도판47_ 바닷물 건너 바라보이는 한산정의 과녁, 2003

여느 과녁과는 달리, 한산정 과녁의 상단부는 태극의 괘 모양을 닮았다. 검은 선 사이에 흰 여백이 하나인 왼쪽 관이 일관이고, 그 옆으로 흰 여백이 둘인 이관, 셋인 삼관이 자리한다. 과녁이 서있는 무겁이 산 계곡 한 자락에 자리 잡은 까닭에, 화살이 과녁을 때리는 소리는 산울림이 되어 크고 맑게 울린다. 화살을 줍는 연전길은 말발굽처럼 바다를 깊이 파고든 언덕 오솔길을 돌아가야 하는데, 길옆에는 바닷바람을 머금은 시누대가 소나무 사이로 예처럼 무성하다.

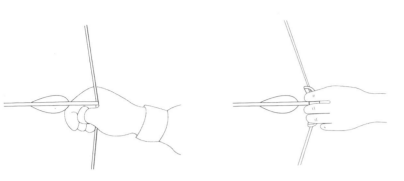

도판48_ 국궁과 양궁의 시위 당기기

그림에서 국궁(왼쪽)은 오른손잡이, 양궁(오른쪽)은 왼손잡이다.

으로 된 보호 장구finger tab를 손가락에 끼고 집게손가락과 가운뎃손가락을 구부려 시위를 끌어당긴다. 이 때문에 국궁은 화살이 구부린 엄지손가락 위에 놓이는 데 반해, 양궁은 집게손가락과 가운뎃손가락 사이에 끼인다. 그런데도 우리 역사물의 영화나 드라마를 보면 양궁식으로 활시위를 당기곤 한다. 우리 활에서 차지하는 깍지의 존재를 알지 못해서 나온 잘못이다.[43]

과녁이 세워진 곳인 무겁에 하나 이상의 과녁이 세워질 경우, 과녁들 사이에는 5미터 이상의 간격이 필수이고, 화살이 과녁 상단부를 넘어 날아갈 것에 대비해서 과녁 뒤에 안전지대를 확보하고 있다. 또 화살의 적중 여부와 떨어지는 방향을 알려주는 고전 또는 화살을 줍는 시동(矢童)의 안전을 위해 무겁에 대피소를 만들기 마련이다. 대피소는 과녁에서 좌우 한쪽 옆으로 10미터 이상 떨어진 곳에 설치하게 되어있다.

사대에서 과녁까지의 거리 역시 1963년에 대한궁도협회가 통일시켰다. 전통 시대에 120보(144미터) 또는 80간(145.4미터)이 대표적이었음을 감안하여 145미터로 표준화했다.

또 사대에 서는 개인 간의 간격은 80센티미터 이상으로 구획한다. 경기 진행석은 과녁과 궁사의 행동 거취를 쉽게 판별할 수 있도록 사대 1미터 후방, 40센티미터 높이에 설치한다.

그리고 원동기가 보편화되면서 화살을 무겁에서 사대까지 옮기는 수고를 줄이려고, 오늘날에는 활터마다 살날이(矢運機)가 설치되어있다. 전기로 작동하는 수평이동기다. 예전에도 간혹 수동형 살날이가 있었다. 수평 도르래를 만들고 손으로 당기는 식이었다. 화살 함은 짚으로 만든 추인, 곧 허수아비에다 살을 꽂는 것으로 대신하곤 했다.^{도판49}

활 수련 차 습사를 하기 위해, 또는 경기 차 정사(正射) 내지 정순(正巡)을 내기 위해 활터에 나온 사람은 먼저 활터의 클럽하우스 격인 정자 또는 별채 건물 가운데 칸 안에 '正間(정간)'이라 적힌 곳을 향해 머리 숙여 절을 한다. 활터에 정간이란 글자를 붙이는 관행의 가장 오래된 문헌 증거는 1912년에 전주 관내의 유서 깊은 군자정(君子亭, 1662년 개정), 다가정(多佳亭, 1722년 개정), 읍양정(揖讓亭, 1766년 개정) 이렇게 세 활터가 천양정(穿楊亭, 1712년 개정)으로 통폐합하면서 정리한 규례다. "사정에 오면 우선 정간 배례를 하고 사대에 선다"는 대목이 그것이다(김연길, 〈전주 천양정의 역사와 문화〉). 이런 흔적에 비추어 20세기 초 이전에 활터에 이미 정간 표지가 붙여졌음이 분명하고, 전주에서 시작한 이 관행이 전국적 행사였던 대사습놀이를 통해 나라 안 거의 모든 활터로 확산되었다고 추정된다.

하지만 그 유래와 정체에 대해선 막상 정설이 없다. 무과 시험의 시관(試官)이 앉던 자리였다는 설이 대표적이지만 근거가 확인되지 않았다. 이런 상황이고 보니 정간 배례를 마치 무속이나 맹신으로 여겨 작금에 표지를 없애자는 주장도 생기고 있다. 정체에 대해 논란이 분분하지만(정진명, 《한국의 활쏘기》), 보기에 따라서는 좋은 문화 전통을 일궈준 옛 구사에 대한 경의의 표시일 수도 있고, 활터에 나오면 특히 예의범절에 유념해야 한다는 서로의 다짐일 수도 있다. 이 관련으로 고종이 열어준 서울 황학정의

경우는 정간 표지 대신 고종 임금의 초상사진인 어진(御眞)을 활터의 정신적 지주로 삼고 있음이 특징이다.

여러 사람과 함께 활을 낼 때는 오른손으로 시위를 당기는 우궁 접장들이 과녁을 향해 사대의 왼쪽부터 연령순으로 선다. 이어 아직 접장이 되지 못한 사람이 역시 연령순으로 선다. 왼손으로 시위를 당기는 좌궁은 우궁에 이어 도열한다.

다른 활터에서 찾아온 궁사처럼 나이를 금방 알 수 없는 애매한 경우는 "팔찌 등(簦) 위에 오르시오"[44]라 말하면서 서로 사양하는 마음으로 윗자리를 권하는 것도 활터의 보기 좋은 풍경에 들 만하다. 지난날 한복을 입고 활을 쏘자면 반드시 소매를 조이는 팔찌를 하기 마련이었는데, 그때 '팔찌 등'이라 하면 우궁의 경우는 줌손 옷소매를 감싼 팔찌의 왼쪽을, 좌궁의 경우는 팔찌의 오른쪽을 뜻한다.

더불어 활쏘기는 우선 우궁의 연장자부터 차례로 활을 낸다. 이때 연장자가 활 들기에 앞서 먼저 초시례(初矢禮)로 "활, 배웁니다" 또는 "활, 공부합니다"고 말한다. 옆에

도판49_ 〈현폭사후(懸瀑射帿)〉, 《탐라순력도첩》, 김남길, 종이에 채색, 55×35cm, 1703, 개인 소장

한산정에 이어 바닷물을 낀 또 다른 활터로는 제주 서귀포의 백록정이 있다. 백록정은 그림의 현장과 멀지 않다.

있던 사원들은 "많이 맞히시오", "맞히어 오시오" 또는 "연중(連中)하시오"라고 답례한다. 우궁에서 한 순이 끝나면 다음 순은 좌궁부터 시작이다.

앞사람이 발시하면 그 화살이 무겁에 떨어질 무렵 다음 사람이 역시 "활, 배웁니다" 말하면서 궁대에서 화살을 꺼낸다. 이어 화살을 시위에 먹이는 도중에 줌손의 엄지손가락과 집게손가락 사이로 훑어 흠집 여부를 확인한다. 화살이 부러진 줄을 모르고 쏘다가는 팔에 큰 상처를 입곤 하기 때문이다. 이어 화살이 낀 활을 물동이 이듯이 높이 들면서 발시 동작에 들어간다.

사대는 띠(隊)를 구성한 전 대원이 진퇴를 함께한다. '동진동퇴(同進同退)'라고 단독으로 이대(離隊)하는 것은 활터 예절이 아니다. 마찬가지로 대열이 정돈된 뒤에 띠에 끼어드는 것도 보기 좋은 모습이 아니다.^{도판50}

습사무언이나 동진동퇴의 신사규율은 말이 쉽지 실행에는 차질을 빗기 일쑤였다. 법도가 엄격했던 옛날에도 기대하는 것처럼 잘 지켜지지 않았던 탓에 정조가 직접 나서서 훈시할 지경이었다. "무신(武臣) 가운데 간혹 법의 뜻을 알지 못하는 자가 있어서 비록 동반하여 대오를 이루는 데까지는 이르지 않았어도 깍지를 끼고 팔찌를 걸친 모습과 웃고 떠드는 소리가 서로 뒤섞일 정도"라고 나무라고 있다.[45]

활터마다 소프트웨어로 사계가 있기 마련이다. 사정 운영에 필요한 재원을 조달하고 사원 간의 친목을 다지는 일을 맡는 사원 공동체 조직이다. 운영비는 사원들의 월정 회비로 충당한다. 사계의 곗날이 삭회(朔會) 날이다. 삭회는 삭시(朔試) 또는

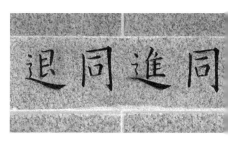

도판50_ 동진동퇴, 석각, 황학정
구양순 유필을 집자해서 황학정 사대 옆 돌계단에 새겨놓았다.

삭시사(朔試射)에서 온 말이고, 삭시는 매월 초하루인 삭일(朔日)에 궁사들이 모여 기량을 겨루던 풍습에서 유래했다.

이를테면 조선 시대 궁궐에서 삭시사라 해서 매달 초하룻날에 궁술 대회를 열었는데 여기서 주로 당하의 문관과 일반 무관이 궁술을 겨루었고, 이따금 당상의 문관도 참여했다. 이는 매달 삭망(朔望)에 활을 쏘았던 삼국 시대, 특히 백제 전통의 흔적인데, 삭망은 삭일과 망일 곧 초하루와 보름을 말한다.

사계는 특히 전통 농촌에서 일종의 사회교육의 현장이기도 했다. 활을 쏘면 우리 농촌의 농한기 폐습이던 도박을 하지 않음은 물론이고, 부지런히 일하는 예의바른 청년으로 자랄 수 있다 해서 오늘의 보이스카웃처럼 사내 나이

열대여섯 살이 되면 부모들이 사계에 들라고 성화였다. 사계에 든 젊은이는 좋은 사윗감으로 점지되던 사회 분위기 때문에 "장가가려면 사계에 들어야지"라는 경기 일원의 속담도 생겼다.

남녀 궁사들은 평소에 습사로 활쏘기 기량을 연마하면서 즐거움을 누린다. 달 밝은 밤에는 야사(夜射)도 즐긴다. 요즘은 과녁 쪽과 사대에 전깃불을 밝힐 수 있기 때문에 달빛에 관계없이 야사를 즐길 수 있다.

관중 여부가 분명한 점도 활을 직접 내거나 바라보는 기쁨인데, 바로 이 때문에 자칫 도박으로 비화되곤 했다. 전사(錢射)놀이라 해서 전주가 "한 순에 4중", 이런 식으로 시수를 정해주고 판돈을 따든지 돌려주든지 하는 놀이다. '활량'46이 시수를 줄여달라 하면 대신, 판돈을 더 걸게 한다. 활량이 돈 욕심이 오른 만큼의 동요를 보일 것이라 기대하면서 전주가 심리전을 벌이는 것이다.

삭회 때 활터 안에서 그리고 때때로 활터 사이에서 요즘 말로 팀인 띠를 나누어 기량을 겨루고, 친목을 다지기 위해 팀 대항전인 편사 또는 사례(射禮)를 즐겼다. 사정끼리는 터편사 또는 정편사, 향교끼리는 향(鄕)편사, 지방 마을끼리는 골편사가 열리곤 했다. 대사례 등 조정 쪽의 사례가 예악 가운데 예절을 중시하는 모임이었다면, 편사를 즐기는 민초 쪽의 편사는 아무래도 악흥 또는 놀이에 몰입하는 모임이었다.

골편사 또는 터편사는 한마디로 마을 축제였다. 편사가 열리면 출전 궁사와 마을 사람들이 음식을 장만해서 가져간다. 남자들이 지게로 '지고' 가면 편사에서 진다며 반드시 여자들이 머리에 '이고' 가야 이긴다는 믿음이 있었고, 그래서 "편사 음식, 이고 간다"는 말이 생겼다. 편사의 승패에 집착했던 마을 사람들의 열기를 느끼게 해주는 속담이다.

전통 시대에 민초들이 참여하던 활쏘기로는 서울 장안의 활터들이 모두 참여하는 '장안편사'가 유명했다. 17~19세기까지 서울 장안에서 가장 볼 만한 이벤트였던 것. 1994년 '서울 정도(定都) 600주년'을 맞아 전통 문화 복원 차원에서 황학정에서 장안편사가 재현된 것도 그런 연유다. 이를 계기로 '장안편사놀이'가 서울특별시 무형문화재 제7호로 지정되었다.

당초 서울특별시 지정 무형문화재 제7호는 '전통 활쏘기'였고, 여기에 10대 중반에 집궁한 이래 80년 가까이 활쏘기를 계속한 황학정 명예사범 장석후(張錫厚, 1901~1997) 선사가 처음이자 마지막으로 지정되었다. 장 선사가 타계하자 제7호의 분야는 '장안편사놀이'로 바뀌었다.

도판51_ 장안편사놀이, 황학정, 2005년 10월 9일

2005년에 있었던 제11회 장안편사놀이의 장면이다. 황학정 사두와 명궁이
풍물패를 영접하고 있다.

　　장안편사에는 서울 도성 안팎의 48개 사정을 도성 안,
도성 바깥의 북한산 기슭, 한강변 세 구역으로 나누어 각
구역별로 선발전[衆會]을 통해 뽑힌 선수 열다섯 명이 참
가했다. 활 대회 전후는 기생의 가무와 악공의 풍악이 어
우러져 분위기를 고조시켰고, 행사는 장중한 의식 절차에
따라 봉행했다.도판51
　　지방의 유명한 활 대회는 전주의 대사습(大射習)이 있
었다. 조선 시대 숙종 때부터 열리기 시작했다는데, 달리
는 말에서 활을 쏘는 대회였다. 숙종 38년인 1712년에 민

간유지들이 이 지역에 천양정을 세웠다는 역사적 사실도 전주의 활 사랑을 엄연하게 증거해준다. 철종 때에는 판소리 경연도 덧붙여졌지만 일제 강점이 시작될 무렵 중단되고 말았다. 마침내 1975년에 부활되었으나 행사는 한자를 달리 적는 '대사습(大私習)'이라 이름 하면서 판소리 중심의 민속음악 경연이 중심이 된 채, 각궁·죽시로 겨루는 전래의 활 대회는 오히려 부차 행사가 되고 말았다.

행사 전후의 의식을 중시하는 장안편사에 견준다면, '활 백일장'은 민초들이 즐기던 놀이 한마당이었다. 보통 사나흘에 걸쳐 씨름 같은 민속놀이도 함께 곁들이는 활 백일장의 별다른 특색이라면 경품을 노리는 게임의 성격이 짙었다는 점이다. 이를테면 한 순 5중들끼리의 시합에 참여하기 위해서는 명궁들도 단번에 그렇게 잘 쏜다는 보장이 없기 때문에 그 자격을 얻기 위해 쏠 때마다 참가금을 걸어야 했다. 그렇게 활쏘기를 거듭하는 사이에 판돈이 커지는 일종의 도박판이 되곤 했다.

활쏘기가 도박판이 될 만했음은 그만큼 '활의 나라' 답게 명궁이 흔했다는 말이기도 하다. 대하역사소설 《임꺽정》은 조선 시대 중기를 무대로 1930년 전후에 집필된 문학인 점에서 전통 사회의 생활상도 짐작할 수 있는 좋은 전거(典據)다. 거기는 활 잘 쏘는 사람의 일화도 당연히 등장한다.

소설 속의 인물 이봉학은 전주부윤이 뒤를 봐줘서 전주공방 비장이 된 사람이지만 본업은 명사수였다. 과연 부윤이 뒤를 봐줄 만한 활솜씨인지, 관아의 관심거리가 된다. 이 사연으로 일화 둘이 나온다(홍명희, 《임꺽정 5권》).

"네가 참새 눈을 쏘았다니 저기 느티나무에 앉은 까치의 왼쪽 눈을 쏘아보아라."

"왼쪽 눈만 맞추기는 어렵소이다."

"참새 눈을 쏘는 놈이 까치 눈을 못 쏜단 말이냐?"

마침내 부윤이 참견한다.

"왼쪽·눈 할 것 없이 그대로 까치를 쏘아라. 까치만 쏘아 맞혀도 잘 쏘는 활이다."

"왼 눈 하나만 쏘아 맞히려면 까치가 죽지 않고 날아갈 듯하여 쏘기가 어렵다고 말씀을 아뢰었습니다. (……) 만일 왼 눈에서 오른 눈까지 꿰어 뚫어도 좋다시면 한번 쏘아보겠습니다."

말한 대로 왼쪽 눈에서 오른쪽 눈까지 관통된 까치가 떨어진 것은 말할 것도 없다.

봉학이가 (……) 경기전에서 가까운 내사정(內射亭)

에 가서 한량들의 활 쏘는 것을 구경하다가 마음에 드는 활 하나를 빌어가지고 전후 세 순을 쏘는데, 첫 순은 자청하여 쏘고 둘째 순은 활 임자의 청으로 쏘고 셋째 순은 여러 한량에게 졸여서 쏘았다. 세 순이 다같이 오중(五中)이라도 살을 꽂는 곳은 다 각각 달랐다. 첫 순에는 과녁 네 귀와 복판에 다섯 살을 벌려 꽂고, 둘째 순에는 무고 위에 다섯 살을 일자로 꽂고, 셋째 순에는 동때까지 여섯 살을 과녁 복판에 모아 꽂았다.[47]

소설 《임꺽정》은 협객들의 무용담인 점에서 중국의 《수호전》과 대비되곤 한다. 그 대비처럼, 전자의 인물 이봉학은 후자에 나오는 소년 장수 소이광 화영을 연상케 하는 활솜씨다. 한 번은 여방과 곽성이란 두 장사가 싸우는데, 두 사람의 화극이 서로 얽혀서 힘을 다하여 잡아당기나 풀리지 않았다. 그러자 화영이 말 위에서 화살을 빼들어 시위에 먹인 다음 창끝에 달린 표범 꼬리, 곧 표미(豹尾)가 뒤얽힌 한가운데를 향해 깍짓손을 뚝 떼니, 시위 소리 울리는 곳에 화살이 바로 들어맞아 엉킨 끈을 탁 끊었다 한다(최명,《소설이 아닌 임꺽정》).

이들 소설은 전설이 되고 만 고사(故事)를 참고하기 일쑤인데, 역시 초나라 선사 양유기의 일화가 유명하다. 어느 날, 양유기가 계강(稽康)이라는 명궁과 활쏘기 시합을 했다. 양유기는 100보 거리의 버드나무 가지 위 세 군데에 붉은 표시를 하고 이를 모두 적중시켰다. 이를 일러 '백보 천양(百步穿楊)'이라 하는데, 전주의 활터 천양정의 이름은 이 고사에서 따왔다. 그때 계강이 여전히 승복하지 않고 먼저 낡은 갑옷 7장을 겹쳐 묶은 뒤 50보 거리를 두고 꿰뚫자, 양유기는 계강이 먼저 쏜 화살의 끝을 맞추어 앞의 화살을 갑옷 밖으로 밀어냈다고 한다.

나라 국민성의 수준을 비교해서 상하·우열·장단을 가리는 것은 우스꽝스런 노릇이지만, 도박성 놀이에 대한 한민족의 집착은 알아줘야 한다. 신사들의 놀이터라는 골프장에서 횡행하는 이른바 내기 골프가 내력이 있는 풍습이었음은, 1902~1903년 사이에 이탈리아 영사로 있었던 로제티 Carlo Rosetti가 말해준다. 그는 공사관의 전문 사진사를 데리고 서울 곳곳을 찍었다. 그리고 이탈리아로 돌아가서 그 풍물 사진을 실은 단행본을 출간했는데, 이 저서(로제티, 《꼬레아 꼬레아니》)는 일제 강점 이전의 서울의 풍물 또는 조선의 풍물을 파악하는 데 매우 소중한 자료가 되고 있다.

로제티는 당시 한국인의 놀이 성향을 두고 "선천적인 도박사", 곧 "도박에 대한 열정은 아마도 모든 한국인이

천부적으로 간직하고 있는 유일한 것일 듯하다"고 적었다. 구체적인 보기로 "심지어 종종 생활필수품조차도 직접 구입하기보다는 내기로 구하려 들 정도"라 했다.

특히 경기도·함경도 일대에서 거행된 백일장 행사 등에서 도박성 활쏘기인 전사가 성행했다. 하지만 일제의 식민통치가 강화되는 사이에 그만 쇠퇴·단절되고 말았다 (황학정, 《황학정 백년사》).

장안편사, 활 백일장, 골편사 등의 전통을 살려 오늘날에는 이를테면 충무공 탄신 기념행사에 곁들인 전국대회, 사정 주최의 전국대회 또는 지역대회가 열리곤 한다. 전국대회 또는 지역대회 등에서는 개인전과 단체전이 열린다. 개인전은 세 순으로 우열을 가린다. 세 순을 쏘아 동점이 있을 경우 각궁을 쏜 사람이 우승자가 되고, 그런 구별이 없을 때는 선다시수(先多矢數), 곧 첫 순 또는 앞의 순에서 많이 맞힌 사람이 우승자가 된다.

다섯 궁사가 팀을 이루어 참가하는 단체전은 한 순으로 승패를 가린다. 단체전은 참가 팀이 많기 때문에 팀의 시수 합계로 등위를 매겨 먼저 16강을 가린다.

이어 무작위 추첨으로 만나는 두 팀을 한 조로 삼아 조별로 승부를 가리는 토너먼트 방식으로 8강, 4강을 거쳐 결승전을 치른다. 4강에서 패한 두 팀을 대결시켜 3, 4위

를 가린다. 경기 방식은 '대대걸이'라 해서 축구에서 페널
티 킥으로 승부를 가리는 방식으로 팀에서 한 사람씩 차례
대로 나와서 쏜다.

　지금은 잊혀진 말이 되다시피 했지만 팀의 리더를 편
장, 수대(首隊), 수띠 또는 우두머리 띠라 하고 두 번째는
부편장, 부대(副隊) 또는 두 번째 띠, 세 번째는 삼대(三隊)
또는 세 번째 띠, 네 번째는 사대 또는 네 번째 띠, 마지막
사람은 종대(終隊) 또는 종띠라 부른다. 관례는 가장 솜씨
있는 사람이 마지막에 화살을 쏜다.[48]

　단체전 방식은 주최하는 정에서 '일정다조(一亭多組)'
라 정하면 5명 1조의 여러 팀도 나갈 수 있다. 지금의 팀
이름은 A, B, C, D로 '이상한' 영어식인데 반해, 예전에
는 송(松), 죽(竹), 매(梅), 국(菊)이라 했다.

국궁, 민족의 활쏘기

대지 위에 꼿꼿이 선 몸은 정축(靜軸)이요
활몸을 밀고 시윗줄을 당기는 두 팔은 동축(動軸)이니,
동정일여(動靜一如)의 도(道)가 이것이다.

활쏘기를 일컬어 '정중동(靜中動)'의 스포츠라 한다. 머리부터 발끝까지 몸을 꼿꼿이 세운 채 한자리에 서서 두 팔을 움직이는 운동이란 말이다. 물론 활이 수렵 도구이자 군사 무기이던 시절, 걷거나 말을 타고 달리면서 쏘았을 때 해당하는 말이 아니다. 나중에 수양 또는 놀이의 도구가 되면서 정중동이 된 것이다.

세로로 몸은 꼿꼿이 서있음이 정축(靜軸)이고 두 팔을 가로로 밀고 당기는 발시 동작이 동축(動軸)이다. 본디 운동이란 '몸을 놀리는 움직임'이란 뜻. 거의 모든 스포츠가 걷고 뛰고 달리는 식의 '서있지 않음'이 운동의 특성이다. 이 점에서 활쏘기는 움직이지 않는 채로 움직인다는 점에서 퍽 이색적인 운동이다.

주객 분리의 통상적 이분법에 따르면 정과 동은 본질적으로 서로 다른 상반이고 대척이고 모순이다. 이런 상식의 이분법은 이를테면 '오므리려면 일단 펴야 하는' 일상의 모습에 비춰보면 함량미달의 사고방식에 불과하다. 그래서 일찍이 노자는 "큰 모퉁이에는 모퉁이가 없다(大方無隅)"했고, '진리는 상반되는 듯한 두 명제를 동시에 포괄

한다'는 점에 착안한 서양철학자 키르케고르는 마침내 "진리는 역설"이라 실토하기에 이른다.

이제 분명해진다. '살고자 하면 죽고, 죽기를 각오하면 산다'는 말이나, 삶 속에 죽음이 진행형이고 죽음은 삶의 완성이란 선지식(善知識) 역시 지혜롭다. 마찬가지로 활쏘기 역시 정 속에 동이 있고 동 속에 정이 있기에 '활기참과 고요함이 하나〔動靜一如〕'인 운동이다.

활쏘기를 도 닦기라 하는 말도 납득이 간다. 정과 동의 역설적인 특성에도 '불구하고' 훌륭한 수양 방법이 아니라, 역설적인 특성 '때문에' 훌륭한 수양 방법이다.

활쏘기는 개인에게 좋은 수양 방법이면서, 동시에 좋은 이웃 그리고 좋은 공동체를 만들어낼 가능성이다. 사람의 품성을 간파하는 데 놀이만큼 좋은 것이 없다. 바둑돌이나 화투짝을 함께 쥐어보면 금방 사람됨을 알 수 있듯이, "사람의 행동을 살펴보는 데 활쏘기보다 큰 것이 없다" 했다.[49] 한편, "마음이 맞지 않는 사람과 일은 함께할 수 있어도 놀이는 함께하지 못 한다" 했는데, 이 말은 거꾸로 생소하고 이질적인 사람과 놀이를 함께 즐기다 보면 생경하던 인간관계도 우의로 발전시킬 수 있다는 뜻이다.

노장(老莊) 사상과 통하는 수준 높은 놀이인 활쏘기인데도 그 배움의 과정은 앞서 배운 사람에게서 그 시행착오

과정을 전해 듣는 도제(徒弟) 방식이 고작이었다. 활쏘기가 주로 병법 내지 무술이던 전통 시대도 주로 중국의 각종 무경(武經)에서 단편적으로 전하는 조각 지식을 귀동냥해왔을 뿐이다.

사법의 문헌이 거의 공백이었음은 활쏘기를 무예 숭상이란 상무(尙武) 측면에서만 중시했기 때문이다. 말은 문무겸비라 하지만 사법을 글로 정리하거나 문화사적으로 탐구하는 숭문(崇文)의 연구는 소홀했다는 말이다(강신엽, 〈국궁에 반영된 철학 사상〉).

그런 점에서 활쏘기의 기술적 측면이나마 하나의 책으로 묶은 것은 조선시

도판52_ 《조선의 궁술》(1929) 책 표지, 이중화, 영집궁시박물관 소장

우리 궁도 문화 중흥의 기념비적 문헌이다. 영인본이 각종 활 관련 책자에 다수 전재되어있는 이 책은 활쏘기 기법에 대한 상술에 더해 역사적으로 이름났던 선사들도 소개하고 있다. 책 표지 글씨는 위창(葦滄) 오세창(吳世昌, 1864~1953)이, 속표지는 성재(惺齋) 김태석(金台錫, 1875~1953)이 썼다. 전각(篆刻)이 빼어났던 위창은 골동감식가로도 유명했던, 기미독립선언에 서명한 민족대표 33인 가운데 한 분이고, 성재는 일제 강점기 때 유명 서예가이다. 속표지글을 쓸 정도였다면 필시 궁도인이었지 싶다.

대 정조 때 평양감영이 펴낸 《사법비전공하》가 유일하고, 우리 글 정리는 1929년에 정리된 《조선의 궁술》이 고작이다.도판52 이를 만시지탄이라 해야 할 것인가, 그나마 이루어진 성취이니 괄목상대라 할 것인가.

우리는 동이족 역사를 자랑으로 알고, 그런 전통의 연장선에서 세계 양궁대회에서 발군의 성적을 올리고 있음에 자족할 뿐이다. 골프 인구는 300만 명이 넘는다 하는데 국기가 분명한 우리 활쏘기 인구는 그 백 분의 일에도 훨씬 못 미치는 공칭 2만 명이고, 활을 배웠다가 쉬고 있는 휴궁(休弓)을 빼면 1만 명이 고작이다.

이는 곧 문화가 사라지고 있다는 말이다. 활에서 유래했던 우리말을 수두룩하게 잃어버리고 말았음이 단적인 증거다. 어깨 끝자락을 '죽머리' 라 했음을 아는 사람이 얼마나 될 것인가.

그나마 국궁 인구 2만 여 명을 헤아리는 데는 개량궁의 개발과 보급이 큰 도움이 되었다. 여기에 딜레마가 있다. 국궁은 각궁으로 쏘아야 제격인데, 이것으로 활을 내는 사람은 현재 고작 1000명 수준이 아닐까 싶다. 자연 재료에다 수제인 점에서 상대적으로 고가이고, 얹고 부리기에 숙련된 기량이 필요하기 때문이다. 결국 각궁·죽시는 엘리트 체육으로 경원되고, 개량궁 쏘기는 생활 체육으로 선호

되면서 서로 양분될 기미마저 보인다.

각궁으로 국궁을 현창하는 방도는 없을까. 현재 5단 이상의 승단 시험은 죽시로 각궁을 내야 하고, 궁장과 시장을 인간문화재로 대접하는 정도가 그 진흥책의 전부다.

보다 확실한 방도가 있을 법하다. 국궁을 프로 경기로 삼는 방도다. 프로 경기로 만들자면 게임을 보고 즐길 수 있는 재미를 높이기 위해 사거리도 다양하게 만들고, 고정 타깃만이 아니라 수렵 시대를 연상시키는 이동 타깃도 포함시킬 수 있을 것이다.

아니면 국제대회를 개최해서 우리 국궁을 세계화해보는 방도다. 세계화의 전초로서 우선 아시안 게임에 활쏘기를 경기 종목으로 등재하자는 제안이 일각의 설득을 얻고 있다. 히말라야의 산국(山國)인 부탄의 활이 우리 활과 같이 사거리 145미터의 과녁을 맞힌다던데, 한국, 중국, 일본, 몽골, 부탄 등을 중심으로 6개국만 합의하면 아시안 게임의 새 종목으로 활쏘기 종목의 추가가 가능하다.

세계화를 제대로 하자면 한편으로 우리 고유 방식의 활쏘기 문화를 더욱 탄탄히 다져야 한다. 그래야만 우리만의 개성 내지 차별성을 가진 경쟁력을 확보할 수 있다. 이점에서 활쏘기 급수를 일본식 말인 '단' 대신에 우리 고유의 품계인 '품(品)'으로 되살릴 필요도 있을 것이다.

일본은 꽤 오래 전부터 국제 궁도 대회를 개최해오고 있다. 규슈의 미야코노조〔都城〕 시가 1991년에 국제 궁도 대회를 4년 터울로 개최한 지 이미 4회가 넘었다.[50]

우리도 국궁의 세계대회를 개최해봄직하지 않는가. 우리 국궁이 아닌 일본 궁도가 올림픽 종목에 들어가는 날이 오면, 유도가 그랬듯이 궁도도 일본 문화의 세계적 현창에 중요 촉매가 될 것이다. 그때도 우리가 동이족이었다는 자랑스러운 전통이 과연 설득력을 얻을 것인가.

주

1 한문 구절 가운데 '피(皮)'는 베로 만든 과녁에 붙이는 표적
용 곰, 호랑이 또는 표범의 가죽이다. 따라서 여기서는 '과
녁' 또는 '관혁을 맞히다'라는 뜻이다(윤재근, 《논어》, 동학
사, 2004).

2 동이족 가운데 산동(山東)에 살던 '예'라는 하(夏)나라(기원
전 2200~기원전 1750년) 제후는 백발백중의 궁수였다. 활
로 온갖 요괴를 제거하여 백성을 편안하게 해준 공으로 죽
은 뒤에 신으로 받들어졌다(한영우, 《다시 찾는 우리 역
사》). 《맹자》이루하편(離婁下篇)은 예에게서 활을 배운 봉
몽(逢蒙)이 스스로 최고의 궁사가 되기 위해 예를 제거했다
고 적고 있다. 중국의 고전 《회남자(淮南子)》는 '예' 대신
'후예(后羿)'라 적고는 하늘에 아홉 개의 해가 나타나자 여
덟 개를 쏘아 없앴다 하고, 그의 아내가 달나라로 도망가서
항아(嫦娥)가 되었다는 전설을 적고 있다.

3 삼국 시대의 궁은 크게 긴 활인 장궁과 짧은 활인 단궁으로
구별된다. 가야는 물론 신라·백제·고구려 삼국의 형성기는
나무로 만든 장궁이 널리 사용되었다. 이 활은 궁체가 곧은

직궁으로 창원 다호리 11호분 출토품과 광주 신창동 저습지 유적 출토품이 대표적이다. 길이는 전자 유물이 170센티미터, 후자 유물이 116센티미터였다. 고구려 무용총 그림에 나타났듯이, 군대는 나중에 모두 단궁으로 무장한 기마 궁수 부대가 주역으로 자리 잡았다(김성태, 〈삼국 시대 궁의 연구〉).

4 중국의 사서인 《후당서(後唐書)》 등에 적힌 내용이다.

5 박수근이 적고 그린 동화책에 묘사된 내용인데, 1950년대 초등학교 교과서에 실리기도 했다. 이 서술은 문헌 둘을 참고한 것이지 싶다. 하나는 영조 연간의 실학자 이익(李瀷)이 적은 《성호사설(星湖僿說)》로 여기서는 당태종이 쇠뇌에 한쪽 눈을 맞았다고 적었고, 또 하나는 송나라 때인 1084년에 사마광(司馬光)이 편찬한 중국 역사서 《자치통감(資治通鑑)》으로 부하가 쇠뇌 화살을 맞자 황제가 친히 피를 빨아주었다고 기록했다. 쇠뇌는 기계장치를 이용하여 화살을 발사하는 활로서 성벽에 고정시켜놓고 성을 지키는 데 주로 사용했다. 발사할 수 있는 화살의 수, 격발(擊發) 장치, 추력을 내는 활의 힘에 따라 다양한 종류의 쇠뇌가 있었다(영집궁시박물관, 《활—동서양의 만남》).

6 여몽연합함대 일본 원정의 주력은 고려군이었다(《역사스페

셜 6-전술과 전략 그리고 전쟁, 베일을 벗다》, 효형출판, 2003).

7 각궁의 오랜 역사에서 가장 큰 애로점은 습기에 약하다는 점이었다. 그만큼 여름철 무기로 사용하는데 애로가 많았기에 흑칠궁(黑漆弓)인 노궁이 등장한 것이다. 옻칠은 각궁 외장재인 화피보다 방습 효과가 훨씬 좋았기 때문이다. 지금도 추운 지방에 사는 알래스카 인디언이나 러시아 캄차카 반도에 사는 옛 아시아인들이 특히 자작나무 껍질을 이용해서 국 그릇 등을 만드는 사실을 미루어보아 방습 효과가 있음은 분명하다. 하지만 벗나무 또는 자작나무 속껍질인 화피를 활몸 한 면에만 붙이기 때문에 그 효과가 옻칠을 따를 수 없었다. 노궁에는 죽시에 옻칠을 한 노시(盧矢)가 짝이 되곤 했다. 조선 시대에 들어 습기에 자유롭기 위해 각궁의 모양을 그대로 빼닮은 철궁(鐵弓)이 무기로 선호되곤 했다. 놋쇠로 만들었고 길이는 역시 각궁과 비슷한 평균 126센티미터였다.

8 각궁을 오래 사용해온 궁사일지라도 바꾼 새 활을 익히자면 석 달이 걸리고, 바꾼 새 화살을 익히자면 열흘이 걸린다 한다. 그래서 난초 키우기처럼 까다로운 것이 각궁이라 했다. 이를 미루어 양병(養兵)을 하지 않고 있다가 임진왜란을 당했는데, 그때 급히 모병된 군졸들이 활을 제대로 다룰 리 없었

음은 능히 짐작되고도 남는다. 이 점도 육전에서 우리가 번번이 패퇴했던 이유 가운데 하나였을 것이다.

9 조총에 대한 이순신 삼도수군통제사의 언급이다. "적의 조총은 총신이 길고 총구멍이 깊숙하여 탄환이 나가는 힘이 맹렬하고 맞으면 반드시 부서집니다." 반면, 조총의 대응무기라 할 만한 우리의 승자나 쌍혈 총통은 "총신이 짧고 구멍이 깊지 않아서 그 맹렬함이 적의 총통만 같지 못하고, 그 소리도 우렁차지 못합니다." 나중에 병조 참의에 증직된 통제사 휘하의 무관 정사준(鄭思竣)이 일본 조총을 연구해서 대장장이로 하여금 우리 총통을 만들도록 했는데, 성능이 우수하다며 통제사가 그에게 상을 내려줄 것을 임금에게 요청했다(김훈, 《칼의 노래》).

10 판옥선은 명종 때인 1555년에 처음 만들어진 조선 수군의 전함이었다. 임진왜란이 끝난 뒤 운영이 어려워진 판옥선을 폐지하자는 일부 주장에 대해 조정에서 이순신 통제사 휘하의 부장(副將)이자 군사발명가인 정걸(丁傑)이 고안했다며 그럴 수 없다는 공론이 일었다. 그리고 거북선에 대한 기록은 조선왕조 초기의 《태종실록》에 처음 등장하는데 그 구조는 1591년에 좌의정 유성룡(柳成龍, 1542~1607)의 천거로 정읍현감에서 일약 전라좌수사로 승차하여 여수 좌수영에 부임한 충무공이 휘하의 나대용(羅大用)으로 하여

금 건조하게 하여 임진왜란 발발 직전에 시험운항에 성공한 것과는 다르다 한다.

거북선은 조선 말기까지 각 수영(水營)에 배치되어 있었다. 충무공의 전적지 가운데 하나로 지금도 진남루(鎭南樓)가 있는 여수에는 거북선을 만들던 곳이라 해서 땅이름으로 남은 '선소(船所)'가 있고, 그 앞바다 오동도에는 좋은 화살 재료가 되었던 대밭이 보호림으로 지정되어 여전히 무성하다.

11 예나 지금이나 우리 활의 조준 사거리는 150미터 전후이지만, 최대한 멀리 쏠 수 있는 거리는 2002년 여름에 온깍지궁사회가 주최한 '멀리쏘기' 대회에서 개량궁이 최대 사거리 242미터를 기록했고, 더운 여름에는 추력이 떨어지기마련인 각궁은 250미터를 쏘았다.

12 지난날 활쏘기 시합의 성적 또는 습사에서 보여준 기량을 시지에 적을 때 두 가지 방식이 있었다. 과녁의 중앙에 그려진 정곡을 맞히면 '관(貫)'이라 해서 2푼, 그 바깥인 '변(邊)'을 맞히면 1푼으로 쳐서 점수를 계산했다. 푼은 분(分)이 거센소리가 된 말이다. 20세기 초에 백일장 같은 민간의 활쏘기 대회에서 관과 변의 변별은 곧잘 시비 거리가 되곤 해서 점수제가 폐지되고 둘을 나누지 않고 과녁에 맞힌 화살 대수만을 계산하는 득점제로 바뀌어 오늘에 이르고

있다.

13 정운(1543~1592)이 큰 무공을 세우고 장렬하게 전사한 부
산포 해전은, 적선을 150척이나 격침시킨, 노량대첩 다음
의 압승이다. 89척 격침에 10
척 나포의 저 유명한 한산대첩
보다도 더 많은 전과였다. 《이
충무공전서(李忠武公全書)》도판
53를 즐겨 읽었던 정조는 전라
좌수사 이순신 휘하 정운의 행
적에 크게 감동한 나머지 "이
사람이 '운대(雲臺)의 전투(부
산포 해전)'를 하지 않았다면
명량의 대첩과 당포의 승리가
어찌 있었겠는가. 이처럼 충성
스럽고 용감한 사람은 역사책
에서 찾아보더라도 어깨를 나
란히 할 만한 자가 매우 드물
다……. 한 가지 절개를 위해
비분강개하여 충무를 '권면하
여 흥기시킨[勸起]' 사람이 바
로 이 사람"이라면서 정조 19
년에 병조판서 벼슬을 내렸다

도판53_ 《이충무공전서》 속표지,
35×22.4cm, 1795, 서울대학교
규장각 소장

초화문(草花紋)으로 아름답게 장
식된 테두리 안에 적힌 '內閣裒輯
(내각부집)'은 '규장각에서 모아 엮
었음'의 뜻이고, '乙卯活印(을묘활
인)'은 1795년에 만든 금속활자로
찍었다는 뜻이다.

(《조선왕조실록》, 1795년 7월 19일자).

임진왜란 직후 충무공에게 추증된 처음 좌의정 벼슬을 영의정으로 올리고, 규장각 문신 윤행임(尹行恁)에게 편찬을 맡겼던 《이충무공전서》의 간행을 보조하기 위해 내탕금까지 내렸던 임금도 정조였다. 임금의 말씀, 공의 시문, 공에게 바치는 시문 등도 담겨있는 전 14권 8책인 《이충무공전서》에서 이른바 《난중일기》는 권 5~8에 실려 있다. 충무공의 일기는 당초 《임진일기》, 《정유일기》 등으로 적혀있던 것을 전서로 편찬하면서 한데 모아 '난중일기'라 이름 붙였다. 전서 발행에 즈음하여 임금은 "국가에 충성한 공을 높이 숭상하여 무공을 세운 이를 드러내어 표창하는 것은 옛 선왕들이 세상을 격려하고 다스리는 도구이며 내가 언제나 힘쓰는 일이다" 했고, 정조의 언행을 담은 《일득록(日得錄)》에서는 "이순신은 참으로 전고(前古) 이래의 충신이요 명장이다. 그가 만약 중국에 태어났더라면 한나라의 제갈공명과 자웅을 겨룬다 하더라도 과연 누가 우세할지 장담할 수 없을 것이다"(정조대왕, 《국역 홍제전서》 제17권, 홍기은 외 옮김, 민족문화추진회, 1981)라고 찬양했다.

14 《영원한 제국》(이인화, 1993)에서 정조의 활쏘기 모습이 이렇게 극화되어 있다. "당년 마흔여덟 살의 주상 전하께선 근년 들어 살이 붙은 허리를 숙여 유엽전 열 대를 허벅지에 찬 활통에 꽂더니 좌측으로 천천히 걸으셨다. 40사까지는

입사를, 마지막 10사는 걸으면서 보사를 하는 것이 전하의 버릇이었다. 정조의 무예는 실로 출중하여 창, 봉, 도, 검, 궁에 두루 능했고 그중에서도 활쏘기가 가장 뛰어났다. (……) 오늘의 보사는 좌로 여섯 발짝 걷다가 돌아서서 다시 두 발짝을 걸으며 쏘는 것인데 동작과 동작 사이에 휴지가 없고 정(靜)과 동(動)의 균형이 유연하다. (……) 세손 시절부터 아침에 일어나면 하는 50사를 한번도 거른 적이 없다지 않는가. 자칫 문약(文弱)에 흐르기 쉬운 제왕의 몸이고 보면 매서운 자기단련이 아닐 수 없었다."

임금이 마흔여덟이던 1799년의 궁중 음모를 가상한 추리소설에서 열 순 49중을 했다고 적었지만, 실제로 49중을 열두 차례나 기록한 것은 마흔한 살이던 1792년 말(10월 30일, 11월 21일, 11월 22일, 11월 23일, 11월 25일, 12월 4일, 12월 5일, 12월 9일, 12월 11일, 12월 12일, 12월 16일, 12월 19일)이었다. 기록으로 전하는 최고 시수는 1792년 12월 11일에 거둔 것으로, 관에 31중, 변에 18중인 80푼이었다. 이후로는 49중을 했다는 기록은 찾을 수 없다. 소설은 정조가 세상을 떠나자마자 몰락의 길로 접어들었던 영남쪽 남인 계열 후손들 사이에서 유언비어처럼 떠돌던 임금의 독살설 전후 사정을 극화한 것이다. 이 소문은 우리 역사학계에서도 자주 들어온 바인데, 이야기의 근거로 다산 정약용의 《여유당 전서》(권 16) 기록도 곧잘 인용된다.

15 정조대왕, 《국역 홍제전서 제17권》, 홍기은 외 옮김, 민족문
  화추진회, 1981.

16 《조선왕조실록》 '정조대왕편'에 적힌 정조 13년(1789년) 4
  월 17일자 "춘당대에서 전경무신(專經武臣)의 활쏘기 시험
  을 하다"에 대한 기록이다.

  춘당대에서 전경무신의 활쏘기 시험, 곧 당하관 무신들의
  (직능적합성 검증과 승진을 위한) 활쏘기 시험을 실시했다.
  이날 활쏘기 시험에 참가한 무신으로서 화살 넉 대도 과녁
  에 맞히지 못한 사람이 많아 임금께서 병조판서 이갑(李坤)
  에게 명하여 그들의 죄를 곤장으로 다스리게 하였다.
    그러자 병조판서가 아뢰었다.
    "무관이란 이름을 가진 사람이 유엽전을 열 순이나 쏘아
  넉 대도 맞히지 못하였으니 이러한 무신을 어디에 쓰겠습
  니까? 전후에 걸쳐 신칙(申飭, 단단히 타일러서 경계함)하
  기를 어떻게 했는데 그들은 두려워할 줄도 모릅니까? 평소
  활을 전혀 잡지 않아서 그러한 것이니 해괴하기 그지없는
  일입니다. 대개 당하관들에게 삭시사의 법을 실시한 것은
  실로 그들을 권장하고 경계하는 조정의 정사에서 나온 것
  입니다. 계묘 연간(1783년) 신이 본조에 있을 때 한 차례 시
  행하고 그 뒤에 바로 폐지하였으니 참으로 개탄할 일입니
  다. 지금부터 공명한 옛 법을 계속 시행하여 무신 당하관의

삭시사를 규례대로 실시하옵소서."

이에 임금이 하명했다.

"오늘날 인재가 옛날 사람보다 못하기는 하나 분명 오랫동안 방치한 나머지 인재를 놓쳐버린 경우가 많을 것이다. 지금 사사로운 인정이 앞서는 시절에 지난날에 정해놓은 규칙을 복구한들 그들이 제대로 준수할 수 있겠는가? 일찍이 오래된 규정집을 보니, 무신 당상관들에게 활쏘기 시험을 보여 점수가 없는 자는 파면하고, 1푼에서 3푼까지는 무겁게 추고(推考, 관원의 허물을 추달함)하게 되어있었다. 지금도 이 전례를 모방하여 당하관에게 활쏘기 시험을 보여 점수가 없는 자만 파면시키라. 그 밖에 넉 대도 못 맞힌 자는 곤장을 치든지, 분기별로 주는 녹봉을 거르게 함이 좋겠다. 이는 무예를 성취시키는 데 관계된 일이므로 대신과 무장들에게 물은 후 그들의 의견 끝에 경(卿)의 의사를 첨부하여 논리적으로 간단히 적어 그것을 일정한 규정으로 만들라."

17 1552년부터 20년 가까이 중국 명나라의 동남 연안은 출몰하는 왜구로 말미암아 피해가 막심했다. 그때 이 외환을 총괄하던 총독이 호종헌(扈宗憲)인데, 그 휘하의 척계광과 유대유(兪大猷, 1503~1580) 두 장군이 '유룡척호(兪龍戚虎)'로 쌍벽을 이루면서 왜구의 지원을 받아 밀무역에 종사하던 해적 왕직(王直)을 격퇴했다. 특히 척계광은 자신이

직접 모병한 지원병 중심의 척가군(戚家軍)을 동원해서 왜구를 평정하는 대공을 세웠다. 충무공에 비유할 만함은 척계광이 우선 왜구와 싸워 한번도 패한 적이 없었고, 출중한 공적에도 불구하고 만년에는 탄핵을 받아 쓸쓸하게 죽었다는 사실이다. 이 점에서는 호 총독이나, 명대의 병서 하나인 《검경(劍經)》을 편찬했던 유 장군도 옥사(獄死)하는 등 마찬가지 신세였다.

명나라는 유교 교조주의에 따른 문치(文治)주의가 정착되고부터 "무장들의 목숨을 건 공헌도 사회적 영향 면에서는 문관이 적는 한 편의 훌륭한 문장에 비길 바가 되지 못했다." 이 문강무약(文强武弱)의 지경에서 장수의 생사와 영욕은 전적으로 상관인 관아의 문신 나리의 세 치 몽당붓에 달려있었다. '높은 곳에서는 추위를 견디지 못 한다'는 말대로 특히 전장터의 장수들이 전전긍긍했던 것은 "어떤 장군이 스스로의 과감한 판단으로 기회를 놓치지 않고 병사를 진격시켰다면 공을 탐하여 경솔하고 잔인한 만용을 일삼는다고 말하고, 반대로 유리한 기회를 기다리며 잠시 동안 병력을 움직이지 않았다면 이번에는 두려워하여 진격하지 않음으로써 이적 행위를 했다"는 등의 탄핵을 받았다 (황 레이, 《1587 만력15년 아무일도 없었던 해》).

당시의 조선왕조 역시 판에 박은듯이 꼭 그랬다. 1597년 2월에 충무공을 체포해서 서울로 압송한 것은 가토의 머리를 잘라 오라는 조정의 기동출격 명령에 응하지 않았다는 이유였다. 충무공이 투옥되자 통제사의 비서실장 격인 정경달(丁景達)은 석방을 위해 탄원서를 올리고, 또 직접 선조를 만나 직언(直言)을 했다. "장수가 기회를 엿보고 정세를 살피는 것을 갖고 전투를 기피한다고 하여 죄를 물을 수 없는 것입니다. 전하께서 통제사를 죽이시면 사직을 잃게 될 것입니다"고 말한 데 이어 우의정 정탁(鄭琢, 1526~1605)의 신구(伸救, 죄가 없음을 사실대로 밝혀 사람을 구원함)로 죽음을 면했다.

그렇게 백의종군 길에 오른 이순신은 후임 통제사가 이끈 조선 수군이 1598년 7월 16일에 지금의 경남 거제시 하청면 앞바다인 칠천량에서 참패한 뒤끝으로 방면된 지 넉달 만인 1598년 7월 23일에 병조판서 이항복(李恒福, 1556~1618)의 주청 덕분에 통제사로 다시 돌아왔다. 그나마 충무공을 풀어 주었기에 조선왕조가 한참 더 이어질 수 있었다. 사직을 지키는 데 충무공이 보여준 결정적 공로는 남해안에 당도한 왜군이 한강으로 바로 진출할 수 있는 서해안 쪽 길목을 차단하는 사이에 뒤늦게나마 왕도(王都)의 재침을 막아내면서 전라도 곡창도 지켜냈다는 점이다.

반면 명조(明朝, 1368~1644)는 위에서 말한 장수들의 국방헌책을 무시한 데 더해 목숨마저 앗아버렸고, 뒤이어 임진왜란 때 두 차례 조선출병이 막대한 국고 출혈을 입은 데 더해 만주 주둔군을 동원한 탓에 만주족이 흥기할 수 있는 길을 열어주고 말았다. 결국 출병 반세기 만에 명조의 망국

도판54_ 〈설죽도〉, 《사시화훼권(四時花卉卷)》, 서위, 종이에 수묵, 32.5×
795.5cm(부분), 16세기 중엽, 중국 고궁박물원 소장

과 청조(淸朝)의 개국으로 이어졌다.

호 총독의 비서로서 한때 군무에 종사한 적 있는 서위(徐渭, 1521~1593)가 그때의 안타까운 사정을 설죽도(雪竹圖) 그림 등으로 대신했다.^{도판54} 대설(大雪)에 허리가 휘었을망정 그림 속의 겨울 대나무가 암울의 분위기 속에서도 "여전히 굳세고 단단한 무게감을 주고 있는 것이다"(저우스펀, 《서위》). "그림을 너무 가볍게 보지 말라. 소리 없는 시 속에 역사의 노래가 들어있다"는 화가의 술회(양신 외, 정형민 옮김, 《중국 회화사 삼천년》, 학고재, 1999)는 조정의 천시에도 불구하고 충신 장군들을 역사가 지켜보고 있다는 말이었다. 서위는 명말의 팔대산인(八大山人, 1626~1705)과 더불어 중국회화사에서 가장 걸출한 귀재(鬼才) 화가다. 삼천년 중국회화사를 총람한 권위 있는 영문 책(James Cahill, 《中國名畵集翠》, New York: Crown Publisher, 1972)의 표지도 바로 그의 대나무 그림으로 장식되었다.

18 그가 출국한 뒤 남긴 일화 하나는 답례로 남긴 선물이 관행에 비해 너무 약소하다며 우리 조야(朝野)가 자못 실망했다 한다. 조선왕실은 국빈으로 융숭히 접대한 데 반해, 그는 겨우 엽총 한 자루와 뻐꾸기 벽시계 하나를 고종에게 선물했다. 그가 이 땅에서 얻어간 선물은 나중에 함부르크의 인류학박물관에 팔아, 현재 거기에 소장되어 있다(최종고, 《한독교섭사》, 홍성사, 1983).

19 독일 친왕을 위해 시범을 보였던 여섯 궁사 가운데 한 사람이던 성문영(成文永) 선사는 황학정 5대 사두(射頭)를 지냈다(〈조선일보〉, 1938년 1월 1~3일). 사두는 활터에 나오는 사원의 우두머리인데, 서울 안팎 여러 활터에서는 사백(射伯), 사장(射長) 또는 사수(射首)라 달리 부르곤 한다.

20 황학정 5대 사두 성문영이 1928년에 적은 '황학정기(黃鶴亭記)'에서 그때 솔포 과녁에 누른 가죽 관인 황곡(黃鵠)을 붙였다고 적었는데(황학정, 《황학정 백년사》), 그래서 일설에는 거기서 황학정 이름이 유래했다고 한다. 누른 황색은 오방위(五方位)에서 중앙을, 그래서 임금을 상징하는 색깔임을 유념한 작명일지도 모른다. 황금빛 학은 실물이 있을 리 없는 상상 속의 길상(吉祥) 상징이었다. 그랬기에 전

통 시대 문사들이 즐겨 황학을 노래하곤 했다. "산그림자
는 사물을 따라 희롱하는 듯/ 굽이치는 물결은 술잔이 흐
르는 듯한데/ 실컷 취한 뒤엔 황학을 타고/ 높이 읊조리며
옥루에 오르려네." 명종 대의 문신으로 조선 전기 4대 서예
가로 알려진 양사언(楊士彦, 1517~1584)의 시 〈간기중답양
경림시중(簡寄重答楊景霖時中)〉이다.

21 조선 시대 말엽의 인왕산 기슭에는 17세기에 세워진 최초
    의 민간 사정 백호정(白虎亭)을 필두로 활터가 무려 넷이나
    자리 잡고 있었다. 일대에서 두 번째로 세워진 등과정은 이
    름과는 달리 무과시험과는 관계가 없는 민간 사정이었다.
    옥인동의 등룡정(登龍亭), 사직동의 대송정(大松亭), 백호
    정의 후신인 풍소정(風嘯亭)이 사라진 마당에 인왕산 자락
    옛 활터 넷 가운데 현존하는 것은 등과정을 잇는 황학정이
    유일하다. 이 황학정과 지근거리인 누상동에는 백호정이
    자리했던 역사를 말해주는 석각이 지금도 남아있다(황학
    정, 《황학정 백년사》).

22 이규태, '한국인의 손가락', 〈조선일보〉, 2005년 3월 9일.
    이규태가 참고한 원전은 *An Introduction to the Study of
    Man*(John Z. Young, Oxford: Clarendon Press, 1971)이다.

23 이규태, '왜 여궁(女弓)인가', 〈조선일보〉, 2004년 8월 20일.

24 활의 장력은 얹은활의 시위를 두 자 여섯 치(78.8센티미터)
까지 당길 수 있는 힘을 말한다. 양궁이 전래된 후 그 파급
으로 개량궁이 만들어지면서 활 장력을 파운드pound로 표
시하는 관행이 정착됐다.

25 《예기》의 '악기편(樂記篇)'에 나오는 말이다. 그리스 철학
자 피타고라스도 "우주의 조화"라고 음악에 대해 같은 말
을 했다(한명희, 《우리 가락, 우리 문화》).

26 조선 후기 실학자 박지원(朴趾源, 1737~1805)의 말이다.
"비록 작은 기예라도 잊는 바가 있은 뒤에야 능히 이룰 수
가 있다." 이 연유로 궁도나 사격뿐 아니라 유도 · 검도 · 역
도 · 태권도 등 '도(道)'가 붙은 경기의 선수들은 무심의 경
지를 익히고자 좌선(坐禪)으로 수련을 쌓는다.

27 쇠 등심 근육인 쇠심은 쇠등에서 엉덩이까지 이어지는 피
부 바로 아래 근육이다. 일일이 손으로 해체하는 도살장에
서만 구할 수 있지, 오늘날의 현대식 소 도축장에서는 구하
기 어렵다.

28 황학정 김경원 사범의 증언이다.
"해방 후는 쇠뿔을 관철동의 '중앙인재사'라는 곳에서 샀
습니다. 도장을 만드는 인재(印材)를 타이 또는 베트남에서

228

수입하던 곳이죠. 한동안 밀수품이 묻어온다고 수입을 못하게 하다가, 활에 대해 조예가 있었던 이승만 대통령이 특별히 허락해서 수입이 재개됐다고 들었습니다. 물소 뿔을 자급하려고 한때 일본에서 물소 한 쌍을 들여다 키워 나중에 스물 몇 마리까지 번졌다는 얘기가 있습니다. 어떻게 해서 이 땅에서 물소가 사라졌는지는 잘 모르겠습니다.

화피를 얻는 자작나무는 날씨가 찬 북한 함흥에 많다고 합니다. 남북이 갈리고도 북한 바다에서 흘러오는 것을 수집하는 사람이 있었습니다. 북한에서는 어부들이 화피로 부표(浮標)로 만들어 사용한다던데 태풍에 쓸려서 강원도 쪽으로 흘러온다는 겁니다. 대나무는 최소한 '일악사지'는 되어야 합니다. 일악(一握)은 쥐어서 손 한 움큼 정도이고, 손을 폈을 때 엄지를 뺀 나머지 네 손가락 넓이인 사지(四肢)를 거기에 보탠 굵기란 뜻입니다. 한마디로 3~4년 정도 자란 것이란 말이죠."

29 고려 시대에 지금의 충남 예산군에 살았던 명궁 백임지(白任至)의 묘지명에 "여섯 균(鈞)이나 되는 활을 잘 쏘았다"고 적혀있다(국립민속박물관, 《한국무예사 총서 2》). 한 균은 30근인 바, 여섯 균이면 지금 계량으로 무려 150파운드에 해당한다.

30 다음 날(음력 9월 29일) 앞둔 싸움은 장문포 해전이다. 장문

포는 거제섬의 북단으로 오늘의 경남 거제시 장목면이다.

31 '예'에 대해서는 주 2 참조.

32 삼국 시대의 화살촉은 철촉이 절대 다수를 차지하며, 골촉
과 석촉, 그리고 동촉은 극히 소량이었다. 철촉은 촉머리
폭에 따라 뾰족촉 계열과 넓적촉 계열로 나눌 수 있다. 대
개 2센티미터 이상은 넓적촉이고, 이하는 뾰족촉이다(김성
태, 〈삼국 시대 궁의 연구〉).

33 삼국 시대 고구려는 주로 광대싸리나무로 화살대를 만들었
다. 싸리나무보다 덜 휘어지고 나무의 분포 지역도 광대싸
리가 더 북쪽이기 때문이다. 화살촉을 쇠로 만들어 붙이거
나 날아가면서 소리가 나는 화살이 필요할 때 광대싸리나
무가 많이 쓰였다. 가을에 잘라 가지런히 엮은 광대싸리를
지붕의 이엉으로 얹어 한 해를 묵히면, 그 사이 바싹 말라
쇠막대처럼 단단해진 가지를 이용해서 화살을 만든다. 참
싸리나무라고도 하는 광대싸리나무는 일명 '서수라목(西水
羅木)'이다. 조선 왕조 세종 때 북방의 여진족 습격을 대비
해서 육진(六鎭)을 개척하는데, 그 출발점이 함경북도 경흥
땅이었다. 그곳 군사요충지가 서수라이고 거기를 지키던
군사들이 주로 광대싸리나무로 만든 화살을 사용했다 해서
서수라목인 것이다(박상진, 《궁궐의 우리나무》, 눌와,

2001, 406~407쪽).

34 이 기사들은 나중에 책(《인간문화재》, 어문각, 1963)으로
묶어졌다.

35 김장환은 백년도 넘게 활을 만들던 가문 출신으로 명궁이
기도 했다. 권영록 역시 4대에 걸쳐 제궁업(製弓業)에 종사
했던 가문이다. 시장으로는 1960년대 초에 확인된 유복삼
(劉福三, 1897~1968)의 행적이 관련 단행본(《인간문화재》)
에 처음 소개되었지만, 궁시장이 문화재로 지정되던 1971
년 이전에 타계했기 때문에 영예를 누리지 못했다. 대신,
유업을 이어받은 아들 유영기(劉永基)가 1996년에 궁시장
으로 지정되었다. 유영기 궁시장은 경기도 파주시에서 '영
집궁시박물관'을 운영하는 한편, 활 관련 저술(유영기 · 유
세현, 《우리나라의 궁도》)도 펴서 국궁 문화 현창에 앞장서
고 있다.

36 중국 병서 《무비지》에 전재된 '보사총법(步射總法)'에서는
"정(丁)자를 이루지도 않고, 팔(八) 자도 따르지 않는 것〔丁
字不成, 八字不就〕"라 표현하고 있다(국립민속박물관, 《무
예문헌자료집성》).

37 《호검경(虎鈐經)》에서 이르길 "활을 당길 때는 급해서는 안

되는데 급하면 위의(威儀)를 잃어 목표물에 적중하지 못한
다. 느려서도 안 되는 것이 느리면 힘이 약해서 화살 가는
것이 더디다" 했다(국립민속박물관, 《무예문헌자료집성》).
《호검경》은 중국 송나라 허동(許洞)이 편찬한 책으로 총 20
권이다.

38 집궁 팔원칙과 궁도 구계훈은, 황학정 이종화 선사의 추정
    처럼, 1920년대 말에 조선궁술협회가 《조선의 궁술》을 펴
    낼 즈음에 정리된 것으로 보인다. 그런데 구계훈 구성은 논
    리성이 좀 엉성하다. 처음 다섯 가르침은 사람의 몸가짐 ·
    마음가짐의 전통적인 타이름인 《명심보감》에 매양 나오는
    구절이 분명하고, 일곱 번째와 여덟 번째 가르침은 활터 기
    율잡기 수준의 타이름이다. 책을 펴낼 즈음 말들의 이음새
    와 차원은 생각하지 않고 당시의 선사들이 한 마디씩 한 것
    을 그대로 모았던 탓이라는 지적이다.

39 도첩은 1703년 완성되었다. 도첩 총 마흔 폭 가운데 여덟
    폭이 활쏘기 장면을 담고 있다. 기사를 그린 한 폭을 빼고
    는 나머지 모두가 입사 장면이다.

40 황학정 김경원 사범의 증언이다.
    "백일장 같은 걸 할 적에는 다릅니다. 한 군데에서 하는
    것이 아닌 놀이판이지 않습니까. 활만 쏘는 것이 아니라 거

기서 윷도 놀고 씨름도 하고 그네도 타고 그럽니다. 대체로 우리 고향에서 보면 봄에 못자리 끝내고, 그리고 또 모내는 중간에 일주일 내지 열흘 동안 개최해요. 그렇게 하려면 과녁을 갖고 다녀요. 그때는 꼭 솔포로 했어요. 솔포라는 게 광목입니다. 거기다가 관을 그렸습니다. 솔포로 했기 때문에 명중하면 뚫고 나가죠. 그러니까 꼭 관심(貫審, 과녁 심판)이 신호를 해줘야 합니다."

41 황학정 김경원 사범의 증언. 홍심 과녁은 그림이나 사진 같은 물증 자료를 찾는 일이 미제로 남아있다.

42 일제강점기 때 고등계 형사를 지냈던 전력의 대한궁도협회 간부 국궁인이 증언했다 한다.

43 김기덕 감독의 영화 〈활〉은 2005년도 제58회 칸 영화제 공식 부문 '주목할 만한 시선' 초청작이다. 국내 관객 동원은 항상 부진했을지라도 문제작으로 평가받아 유명 국제영화제에서 여러 차례 수상한 영화인의 작품이다.

　　영상에서 활은 활점 치는 용도로, 그리고 고깃배 위에서 살아가는 노인이 미아였던 어린 소녀를 키워 색시로 삼으려는 과정에서 방해꾼을 위협하는 용도로 등장하고 있다. 영화의 뜻을 "팽팽함은 강인함과 아름다운 소리가 있다. 죽는 시간까지 활처럼 팽팽하게 살고 싶다"로 내걸고, 활을 영화 제목으로 전면에 내세운 것까지는 특기할 만하다.

하지만 어설프나마 국궁 자세를 따르는 노인과는 달리, 소녀는 양궁 쏘기 방식을 취하는 난조(亂調)를 보인다. 영상에서 보여준 화살은 과녁에 꽂히지 않는 현대식 촉을 달고 있지만, 나중에는 지난날 사용한 못 모양 촉 화살이 서양의 다트 놀이처럼 보살상에 꽂히는 방식으로 점술을 치고 있다. 이 또한 분명코 고증 부재라 할 것이다.

44 "등 위에 오르시오"는 '역전 앞'이란 상투어처럼 우리 어법에서 한문과 우리말을 겹쳐 말하는 관행에 해당한다. 《조선의 궁술》에서 '팔찌 동'이라 잘못 적었고, 그 뒤에 나온 각종 활 책자가 따라 적고 있는데, 저자 이중화(李重華, 1881~1950)가 한글학자로서 주변의 명궁들 말만 듣고 책을 적었기 때문에 그런 잘못이 생겼다 한다.

45 정조대왕, 《국역 홍재전서(弘齊全書) 제4권》, 조순희·김경희 옮김, 민족문화추진회, 1981, 323쪽.

46 한량(閑良)은 호반(虎班) 출신으로 아직 무과에 급제하지 못한 사람이다. 좋게 말해 유한계층이지만 직업이 없는 사람들이라 말함이 더 적확하다. 한량은 '신라(新羅)'라 적고 '실라'라 발음하는 것처럼 우리말의 유음화현상에 따라 '할량'이라 발음한다. 이중모음인 '활'을 잘못 읽으면

'할' 이 됨을 기화로 한량을 마치 활 쏘는 사람으로 간주하곤 한다.

이 간주가 틀리지 않아 아무 일도 하지 않고 다만 이곳저곳을 돌아다니며 아침부터 밤까지 오직 활쏘기만을 생각하고 말하는 이들은 서울 여러 지역에서 제가끔 조직을 갖고 있었다. 북쪽 조직은 귀족 자제가, 남쪽은 군인 가족 아들이 많았다. 어려울 때 서로 돕는 형제애가 돈독한 집단이었고, 세간의 곱지 않은 눈길에 개의치 않고 항상 활과 화살을 가지고 돌아다니면서 마음 내키는 일이면 무엇이든 했다. 이런 행태는 조선 후기에 미인도와 풍속화로 유명한 혜원(蕙園) 신윤복(申潤福, 1758~?) 화원의 풍속도첩 가운데 한 폭인 《계변가화(溪邊佳話)》에서도 생생하게 묘사되어있다. 금남의 구역 계곡 빨래터에서 반나신 여인들을 훔쳐보는 한량 손에는 활이 들려있다. 이런 시대적 곡절 끝에 활 쏘는 사람이란 뜻으로 '활량' 이란 낱말이 오늘의 국어사전에 정식으로 올라있다.

47 '무고' 는 사전에도 나오지 않는 말이라 활터의 구사들에게 수소문했지만 확인할 길이 없었다. 다만 홍심 위에 일자(一字) 직선이 하나 그어진 것이 예나 지금이나 흔히 볼 수 있는 과녁인데, 옛적에 더러 홍심 아래에도 일자선이 있었다(정진명, 《이야기 활 풍속사》) 하고, 그것이 무고라는 추정이 있다.

그리고 '똥때'는 과녁에 이미 박혀있던 화살이란 뜻인 '종대'가 된소리로 바뀐 말로 읽힌다. 예전의 유엽전 촉은 굵은 못처럼 생겼기 때문에, 나무 과녁에 맞으면 그대로 꽂혔다. 시동은 그걸 '노루발(獐足)'이라는 사슴 뿔로 만든 공구를 이용해서 뽑아야 했다. 첫 순에서 맨 중앙에 박힌 화살 한 대를 뽑아내지 않았고, 세 번째 순의 다섯 발이 이미 박힌 살의 꽁무니인 오늬 뒤로 계속 맞았다면 꽂힌 살은 여섯 대가 된다. 이런 경우는 양궁 국제시합에서 명사수들이 보여주는 퍼펙트 골드perfect gold 장면을 연상시킨다. 실제로 양궁 연습장에서 먼저 쏜 화살 끝인 알루미늄 재질의 오늬에 다음 살의 촉이 그대로 꽂히는 장면을 종종 목격할 수 있다.

48 팀 또는 그룹의 구성·순번을 뜻하는 '띠'는 한자를 훈독(訓讀)한 우리말이다. 띠를 뜻하는 한자로는 '隊' 또는 '帶'가 있는 바, 둘 가운데서 19세기 말에 우리의 놀이문화를 심층 연구한 컬린의 책(한글 번역본《한국의 놀이》129쪽)에는 띠를 '帶'로 확인하고 있다. 그런데 활터에서 편사에 나설 팀을 구성한다는 뜻으로 '작대(作隊)'라고 말하고 또 적는다는 점에서 띠를 '隊'로 표기하는 것이 일관성이 있어 보인다.

49 《연산군일기》를 인용한 신병주의 〈대사례의궤 해제〉 참조.

50 일본 궁도인들은 인구 13만 명의 미야코노조를 성지로 여
긴다. 일본 죽궁(竹弓)의 9할이 생산되는 곳이기 때문이다.
1994년에 '도성대궁(都城大弓)'이란 전통공예품으로 지정
받은 이곳 활을 널리 알리기 위해 1988년부터 '미야코노조
활 축제 전국 궁도 대회'를 해마다 개최하고 있다. 축제 때
는 학생과 일반인을 합해 약 3000명의 궁도인이 참가한다.
거기에 곁들여진 국제 궁도 대회는 제4회 대회(2003년)의
경우, 14개국에서 외국인 선수 175명이 참가했다.

마음으로 쏘아 심신을 수양하네

1.

골몰하는 바가 있으면 뜻하지 않아도 곧잘 관련 사상(事象)들을 만나게 된다. '필연이 아닌 우연은 없다' 함은 이를 두고 하는 말일 것이다. 활 덕에 만난 한 다큐멘터리는 별난 복고 취미를 가진 북미 대륙 사냥꾼들이 스스로 제작한 장궁으로 오리도 잡고 곰 사냥도 하는 진기한 현장을 보여주었다. 가까운 거리에서 화살을 맞은 커다란 곰이 거의 꼼작하지 못한 채 쓰러지는 장면이 믿기지 않았다. 강력한 사냥총에 맞은 것도 아닌데 그럴 수 있는가 싶었다.

그게 아니었다. 사냥총은 총알이 몸을 그대로 관통해버린다. 결국은 죽고 말지만, 급소를 맞지 않으면 짐승은 상처를 입은 채 멀리 달아나기 때문에 사냥개의 도움이 필수적이다. 그러나 몸통에 화살이 박히면 짐승은 신경 및 근육 계통이 교란·마비되어 곧장 거꾸러지고 만다. 고구려 벽화가 보여주는 수렵 장면이 과연 성공적이었을까 싶었는데, 화살을 이용한 곰 사냥 다큐멘터리를 보자 총도 없던 옛날 옛적에 활로 발 빠른 맹수를 능히 잡았겠음을 알 만했다.

2.

활쏘기는 늙은 나이에도 시작할 수 있는 운동이다. 하지만 몸을 쓰는 운동이기에 역시 체력이 중요하다. 젊어서 입문하면 기량이 빨리 높아짐은 당연하고, '60대에 입문하면 체형, 곧 궁체가 제대로 안정되는 데 7년이 걸린다' 한다. 이 말이 틀리지 않아 예순 나이에 입사한 필자의 기량 증진은 지지부진하기만 하다. 활을 들고 겨냥하는 줌손의 힘쓰기에 신경 쓰다 보면 방아쇠에 해당하는 깍짓손 당기기가 그만 흐트러지는 등 하루하루의 궁력이 변덕스러운 여름 날씨 같다. 그럴 때면 겨우 무겁의 모래톱까지 보낼 수 있음을 대견히 여기던 입사 시절을 돌이켜보거나, 어쩌다 한 순에 한 대도 맞히지 못해 불쏘기를 기록하는 명궁급 유단자를 엿보면서 "역시 활쏘기는 어렵구나" 하고 안달을 달랜다.

하지만 '연습이 완벽을 만든다'는 말이 틀리지 않아 시간이 지나면서 기량이 꽤 높아진 것도 사실이다. 생각해보니 궁도의 증진법도 콩나물 기르기에 비유되는 독서법과 비슷하다. 매일 책을 읽는다 해도 거기서 얻은 지식이 당장 눈에 띄게 식견에 보탬이 되지 않는다. 콩나물을 키우려고 시루에다 계속 붓지만, 이래서야 언제 자랄까 싶을 정도로 붓는 족족 물은 그대로 쏟아져 나온다. 얼마큼 시간이 지나면 모르는 사이에 콩나물이 쑥쑥 자라 있듯 독서의 효험도 이와 같다. 활쏘기도 마찬가지다.

3.

기왕 시작한 레포츠인지라 기량을 높여볼 요량으로 활 관련 책들을 들쳐보기 시작했다. 당장 용어 읽기에서 혼란이 생겼다. 이를테면 활쏘기 기본자세에서 시위를 가득 당기는 노릇을 '만작'이라 하는데 여기서는 '만작(滿酌)'이라 바로 적고, 저기서는 '만작(滿作)'이라 잘못 적고 있다. 이런 사례가 하나둘이 아니었다. 그래서 이 책 저 책을 뒤져서 서로 대조해보기도 하고, 앞서 입문한 선사들에게 탐문하기도 했다.

나름대로의 공부가 계속 가지를 쳐나갔다. 마침내 지금까지의 탐문을 글로 정리해두면 나중에 입사하는 사람들이 유익하게 참고할 바가 있겠고, 또한 활에 비친 우리 역사 읽기에도 도움이 되겠다 싶었다.

나는 대학에서 전문하는 연학(研學)이 있는 사람이다. 사회과학에 속하는 전공에 따라 도시사회 문제를 정리해서 한편으로 대학 전공서를 집필하기도 했고, 또 신문 같은 매체에다 시사성 글을 자주 적어온, 말하자면 글쟁이다. 전문적인 글 집필은 나름대로 공부가 이미 축적되었기 때문에 가능했다.

이런 내력에 견준다면 이 책은 퍽 이례적이다. 미리 알지 못한 채 단지 더 알고 싶고 더 탐구하고 싶다는 집념 하나로 궁금한 대목을 하나하나 찾기 시작한 것이다. 숲을 조망하지 못한 채 이 나무 저 나무를 찾아 살피다보니 바로 갈 길을 한참 돌아가기도 했고, 그 속에서 맴돌기도 했다.

초고를 완성하고 난 뒤에도 여전히 석연치 않는 대목이 없을까, 혼자 염려도 된다. 그럼에도 굳이 책으로 묶으려고 용기를 낸 까닭이 있으니, 하나는 나름대로 파악한 사항을 보통사람이 쉽게 읽을 수 있도록 간결한 글로 옮길 수 있다는 자기 믿음이었고, 또 하나는 체험과 전문도서 읽기를 함께했기에 한결 실감했던 우리 활의 문화사를 일반 독서가들과도 공유하고 싶음이었다.

4.

우리 민족을 동이족이라 일컬음이 말해주듯이, 고대 이래로 활은 아주 무게 있게 우리 역사를 관통하고 있다. 먼 역사는 제쳐두고 비교적 가까운 조선조에서 시대를 떠받친 문무쌍벽의 인물은 충무공 이순신과 정조대왕인데, 두 분 다 빼어난 궁사였음이 인상적인 공통점이다.

충무공은 참혹한 전란에서 나라를 건진 '민족의 태양'이다. 한말의 미국 선교사 헐버트나 시조시인 김상옥은 그에게 거리낌 없이 이런 극존칭을 붙였다. 또한 충무공은 오늘에도 살아있다. 그가 보여준 걸출한 리더십은 군사 영역을 넘어 오늘의 경제 전쟁 시대를 돌파할 수 있는 실마리로 여겨지고 있다. 무엇보다 전란 중에도 하루의 행적을 빠짐없이 적은 완벽성과 기록 정신이 높이 평가된다.

그러나 활을 쏘고부터 충무공의 리더십을 특징짓는 덕목으로 활쏘기를 결코 빠뜨려서는 안 된다는 생각이 들었다. 관료나 군대의 조직과 운용은 예나 지금이나 계층적인 상명하복이다. 그런 조직일지라도 엄격한 명령만이 능사가 아니다. 조직은 사람이 꾸려가는 것이기에 우선 마음과 마음이 통해야 한다. 마음의 소통에는 동락(同樂), 곧 함께 즐기는 놀이가 효과적이다. 명궁 이순신은 활이 막강한 무기이자 동시에 흥겨운 놀이라는 사실을 알았다. 동락이 이루어지면 함께 어려움을 감수하는 동고(同苦)도 자연스럽다. 충무공의 연전연승은 통제사와 동고동락하려는 부장들의 죽음을 무릅쓴 충정이 있었기에 가능했다.

충무공의 영웅적 행각으로 말미암아 조선조는 명맥을 유지했고, 세종 이후 300년 만에 다시 문예 부흥의 영·정조 시대를 맞을 수 있었다. 그러나 특히 정조는 인간적으로 어려운 삶을 살았다. 아버지 사도세자를 죽인 당파 싸움은 계속해서 세손(世孫)의 입지를 위협했다. 오랜 와신상담 끝에 가까스로 임금 자리에 올랐지만 등극 후에도 역모 사건이 세 번이나 연달아 발생했다. '호학(好學) 군주' 정조의 높은 학덕은 암살을 피하려 밤늦게까지 잠들지 못하고 책을 읽던 습관에서 비롯했다는 말도 전한다.

마찬가지로 신기에 가까운 활솜씨도 위험에서 그 자신을 지키기 위함이었다. 잠자리에 시위에 화살을 먹인 활을 두었을 정도라니 그 역경이 어떠했을지 짐작되고도 남는다. 정조에게 활쏘기는 신변 보호의 방책이자 심신을 추스를 수 있는 자강(自强)의 방편이었던 것이다.

혹독한 어려움을 겪은 사람만이 혹독한 어려움을 아는 법인지 임진왜란 이후 충무공을 가장 높이 평가한 임금도 정조였다. 두 차례 백의종군의 통한에도 불구하고 사직과 백성을 위해 목숨을 바쳤던 그를 각별히 기려 내각으로 하여금 문집을 발간하게 했고, 사후 버슬을 영의정으로 높였다.

5.

역사에서 만난 활쏘기는 역시 마음으로 쏜다는 심사였다. 투철한 집념이 활쏘기 고수를 만들었고, 한편 활쏘기 정수(精髓)의 체득을 통해 집념의 강도와 순도를 높였다. 수렵의 도구나 전쟁 무기보다 훨씬 더 높은 차원에서 활이 인간 승화의 한 유효한 방편이 될 수 있다는 믿음이, 이 책을 적으며 얻은 개인적 수확이다.

국궁용어록

―국궁과 관련한 많은 전문용어 가운데서 이 글 읽기에 도움될 만한 용어만 골라 풀이한다.

각명(刻銘) 화살의 깃 사이에 궁사의 상징을 그린 도형 또는 활쏘기 순번을 적은 글.

개자리 과녁 앞에 웅덩이 등을 파고 사람이 들어앉아서 살의 적중여부를 확인하는 장소.

고도리살 나무 화살인데 화살촉을 피나무로 둥글고 뭉뚝하게 만들었다 해서 박두(樸頭), 박두전(樸頭箭)이라고도 했음.

고자 도고지에서 활의 양쪽 끝 부분인 양냥고자 끝까지를 말함.

고전(告傳) 과녁 가까운 곳에서 살의 적중여부와 떨어지는 방향을 알리는 사람. 요즈음은 화살을 주워주는 사람을 일컬음.

고풍(古風) 임금의 활쏘기가 원만하면, 다시 말해 시수가 좋으면 신하에게 내리곤 하던 선사, 또는 선사하는 풍습.

과녁 활쏘기의 목표물. 관혁(貫革)이 우리말로 바뀐 것.

관(貫) '가운데[中]'를 가리키는 말로 '과녁의 중심부'라는 뜻. 베로 만든 과녁 중앙에 사각형 베를 붙인 것이 '정(正)', 대신 가죽을 붙인 것이 '곡(鵠)'. '적(的)'은 정곡을 말하는 것으로 관과 같은 말.

구사(舊射) 활을 오래 쏜 사람.

궁대(弓袋) 부린활을 넣는 베주머니. 활을 쏠 때는 허리에 둘러메고 살을 꽂을 수 있는 끈이 됨.

궁체(弓體) 활을 쏘는 자세 또는 활이 생긴 모습.

깍지(角指) 각지가 된소리가 된 결과, 깍지라 부르는데, 엄지손가락에 끼워 시위를 당길 때 사용하는 도구임. 주로 쇠뿔로 만드는데, 궁궐에서는 '결(決, 또는 玦)'이라 불렀음.

깍짓손 깍지를 낀 손. 활시위를 당기는 손으로 '뒷손'이 같은 말.

낙전(落箭) 거궁(擧弓)하는 사이에 시위에 먹인 화살이 떨어짐.

노루발〔獐足〕 전통 시대의 유엽전은 못처럼 생긴 쇠촉이므로 적중하면 나무 과녁에 꽂힌다. 이를 뽑기 위해 시동이 사용하던 사슴뿔로 만든 공구.

도고지 시위에 심고를 맨 부분이 닿는 곳에 붙인 원형의 가죽(도판26 참조). 도고자라 부르기도 하는데, 이 말의 뒷부분이 듣기 상스럽다 하여 잘 쓰지 않음.

만작(滿酌) 활시위를 최대한 당긴 상태.

몰기(沒技) 한 순(巡) 쏠 때 살 다섯 대가 다 맞음.

무겁 과녁을 세워놓은 곳. 살받이, 과녁터와 같은 말.

벌터질 농사 짓던 사람들이 틈틈이 혼자 활쏘기를 즐기기 위해 일정 거리에 꼴을 담은 지게 또는 볏짚 단을 양쪽 과녁으로 삼아 둘 사이를 오가면서 활을 내는 노릇.

부린활〔弛弓〕 시위를 풀어놓은 활.

불(不) 한 순을 쏘고도 단 한 살도 과녁을 맞추지 못함.

사대(射臺) 활터에서 살을 내도록 정해진 자리. 사위(射位), '설자리'가 같은 뜻.

사두(射頭) 사정을 대표하는 사람. 사백(射伯), 사장(射長), 사수(射首)와 같은 말.

사원(射員) 사정에 소속되어 활 쏘는 사람.

사장(射場) 활 쏘는 곳. 살터, 활터와 같은 말.

사정(射亭) 활터에 세운 정자 또는 활터.

살 화살의 약자.

살걸음 화살이 가는 속도와 맵시.

살고 화살이 뜨는 높이.

살날이 무겁에서 수거한 화살을 사대까지 보내는 사람 또는 기계장치인 시운기(矢運機), 또는 운시기(運矢機). 운수(運輸)라는 낱말을 수운(輸運)과 혼용하는 것처럼, 활터에서 곧잘 시운기를 운시기와 혼용하고 있음.

시자표(矢字標) 화살의 차례를 나타낸 표기.

심고 활의 양쪽 끝 부분인 양냥고자에 시위를 걸 수 있도록 만든 고리 매듭.

순(巡) 화살 다섯 대 또는 살 다섯 대 쏘기.

숫깍지 뿔 또는 나무로 만든 반지에 막대 혀가 붙어있어 혀에 시위를 걸어서 움켜쥐고 당기는, 강궁을 쏠 때 적합한 깍지.

습(拾) 시위에 한복 등 넓은 소매 자락이 채이지 않도록 앞손의 옷소매를 감싸는 베 두루마리와, 그걸 고정시키는 고리 일습장치. 팔찌가 같은 말.

습사(習射) 활쏘기 연습.

시동(矢童) 무겁에서 화살을 줍는 아이. 연전동(揀箭童)과 같은 말.

시수(矢數) 화살을 과녁에 맞히는 적중률. 골프의 핸디캡과 유사한 말.

시수꾼 10순인 1획(畫), 곧 화살 50대를 쏘아 30대 이상을 맞히는 사람.

시지(試紙) 시수를 기록하는 종이.

신사(新射) 활쏘기 이력이 짧은 궁사.

암깍지 시위가 걸리는 턱이 있는 숫깍지와는 달리 턱이 없는 깍지. 평깍지가 같은 말.

오늬〔筈〕 시위에 끼워서 쏘는 화살 윗부분으로 죽시의 오늬는 참싸리 나무로 만듦.

우궁(右弓) 활시위를 오른손으로 당기는 궁사 또는 경우.
오른손잡이와 같은 말.

유엽전(柳葉箭) 촉이 버들잎을 닮았다 해서 이름 붙은 화살
종류, 또는 유엽전을 사용하는 각궁 또는 개량궁으로 내는
활쏘기.

이전(離箭) 앞손이 밀고 뒷손이 당기는 쏘기 요령에 착안한
말. 활 쏘는 행위 자체를 가리키는 방사(放射) 또는 발시(發
矢)에 비교되는 말.

일획(一畫) 열 순(巡), 곧 화살 쉰 대를 쏨. 획(畫), 장획(長畫)이
같은 말.

장궁(長弓) 오늘날에 생산되는 각궁처럼 줌에서 도고지 밑
까지 뿔을 댄 활, 또는 일본 죽궁처럼 길이가 2미터가 전후
의 길이가 긴 활.

정(正) 과녁 중앙을 가리키는 관(貫), 적(的), 정곡(正鵠)과

같은 말.

정간(正間) 활터의 중심 건물 중앙에 '正間(정간)'이라 적은
표지로 사원들이 활터에 나오면 먼저 여기에 배례(拜禮)하
기 마련임.

정사(正射) 편사에서 정식으로 내는 활쏘기. 정순(正巡)과
같은 말이고, 습사와는 대조되는 말.

좌궁(左弓) 활시위를 왼손으로 당기는 궁사 또는 경우. 왼
손잡이와 같은 말.

죽머리 어깨의 끝부분.

줌 활몸 가운데 손잡이 부분. 줌통이 같은 말.

줌손 활을 쥐는 손. 앞손이 같은 말.

출전피(出箭皮) 거궁 자세에서 화살이 놓이는, 줌 위에 붙
은 가죽 조각.

터과녁 활터에 붙박이로 고정시켜놓은 과녁.

터편사 사정 사이에 펼치는 편사.

퇴촉(退鏃) 거궁 자세에서 만작에 미치지 못한 채 시위의 힘에 깍짓손이 끌려가는 현상. 화살 끝 부분을 '촉'이라 말함은 '족(鏃)'이 거센소리가 된 것임.

팔찌 습(拾)과 같은 말.

편사(便射) 사정, 고을, 향교끼리 편을 짜서 평소 닦은 활 기량을 다투는 경기.

향각궁 한우 뿔 곧 향각(鄕角)으로 만든 활. 삼각궁(三角弓), 휘궁(麻弓), 반(牛)장궁도 같은 말.

획(獲) 임금의 활쏘기에서 관중했을 경우에 외치는 말.

후(帿) 베 과녁, 사포(射布)와 같은 말.

후(侯) 표적의 전면 또는 과녁 전체.

참고문헌

강신엽, 〈국궁에 반영된 철학 사상〉, 《학예지 제7집-국궁 문화 특
　　집》, 육군박물관, 2000, 139~155쪽.

국립민속박물관, 《무예문헌자료집성》, 2004.

국립민속박물관, 《한국무예사 총서 2-고려 시대》, 2004.

김문식, 〈정조의 활쏘기 기록〉, 《문헌과 해석》, 2002년 겨울호,
　　66~77쪽.

김성태, 〈삼국 시대 궁의 연구〉, 《학예지 제7집-국궁 문화 특집》,
　　육군박물관, 2000, 1~58쪽.

김성태, 〈한국 고대 무예의 종합적 검토〉, 《한국 무예의 역사·문
　　화적 조명》, 국립민속박물관, 2004, 9~48쪽.

김연길, 〈전주 천양정의 역사와 문화〉, 《한국 사정의 역사와 문
　　화》, 국궁문화연구회 세미나 자료집, 2004, 55~80쪽.

김진만, 〈활 백일장 명궁 이야기〉, 《황학정 백년사》, 황학정,
　　2001, 303~304쪽.

김집, 《궁도입문》, 황학정, 1997.

김집, 《국궁교본》, 황학정. 2005.

김후, 《활이 바꾼 세계사》, 가람기획, 2002.

김훈, 《칼의 노래》, 생각의 나무, 2001.

노승석 옮김, 《난중일기》, 동아일보사, 2005.

로제티, 카를로(Carlo Rosetti), 서울학연구소 옮김, 《꼬레아 꼬레아
니*Coree e Coreani*》, 숲과 나무, 1996 (이탈리아어판 1904).

민병길 외, 《국궁의 과학적 사법》, 봉명, 2002.

민승기, 《조선의 무기와 갑옷》, 가람기획, 2004.

박수근, 〈박수근이 들려주는 옛날이야기〉, 《자료로 본 우리의 화
가 박수근》, 시공사, 1995, 61~71쪽.

박혜일 외, 《이순신의 일기》, 서울대학교 출판부, 1998.

사마천, 김원중 옮김, 《사기열전》, 상권, 을유문화사, 2002.

컬린, 스튜어트(Stuart Culin), 윤강봉 옮김, 《한국의 놀이*Korean
Games – with Notes on the Corresponding Games of
China and Japan*》, 열화당, 2003 (영어판 1895).

신병주, 〈대사례의궤 해제〉, 《대사례의궤(大射禮儀軌)》, 서울대학
교 규장각, 2001, 1~22쪽.

심승주, 〈한국 무예사에서 본 무예제보의 특성과 의의〉, 《한국 무예
의 역사 · 문화적 조명》, 국립민속박물관, 2004, 87~136쪽.

안대회 엮어옮김, 서유구 원저, 《산수간에 집을 짓고》, 돌베게,
2005.

영집궁시박물관, 《활–동서양의 만남》, 2004.

예용해, 《인간문화재》, 어문각, 1963.

오강남 풀이, 노자 원저, 《도덕경》, 현암사, 1995.

우다가와 다케히사(宇田川武久), 〈조선 시대 활의 제작과 궁재

　　(弓材)의 확보〉, 《학예지 제7집—국궁 문화 특집》, 육군박
　　물관, 2000, 107~138쪽.

유성룡, 이재호 옮김, 《징비록(懲毖錄)》, 서애선생기념사업회,
　　2001.

유세현, 〈우리나라의 궁장·시장에 대한 보고〉, 《학예지 제7집—
　　국궁 문화 특집》, 육군박물관, 2000, 183~206쪽.

유영기·유세현, 《우리나라의 궁도》, 장단살방, 1991.

유종호, 《시 읽기의 방법》, 삶과꿈, 2005.

유향(劉向), 신동준 역주, 《전국책(戰國策)》, 인간사랑, 2004.

육군박물관, 《한국의 활과 화살》, 1994.

이인화, 《영원한 제국》, 세계사, 1993.

이종화 엮음, 《활쏘기의 비결》, 학문사, 2000.

이중화, 《조선의 궁술》, 조선궁술연구회, 1929.

임동석 역주, 《당재자전(唐才子傳)》, 김영사, 2004.

조영석, 〈사법 이론—깍짓손 쥐기〉, 《제2회 온깍지 활쏘기 한마당
　　세미나》, 2003.

조용헌, 《사찰기행》, 이가서, 2005.

저우스펀(周時奮), 서은숙 옮김, 《서위》, 창해, 2005.

정갑표, 《궁도》, 성일문화사, 1975.

정범모, 《인간의 자아실현》, 나남, 1997.

정재민, 〈한국 고전문학에 나타난 국궁〉, 《학예지 제7집—국궁 문
　　화 특집》, 육군박물관, 2000, 159~181쪽.

정진명, 《한국의 활쏘기》, 학민사, 1999.

정진명, 《이야기 활 풍속사》, 학민사, 2000.

최명, 《소설이 아닌 임꺽정-벽초와 임꺽정 그리고 나》, 조선일보
사, 1996.

최완수, 《겸재의 한양진경》, 동아일보사, 2004.

최진희, 〈국궁의 과학적 분석〉, 《학예지 제7집-국궁 문화 특집》,
육군박물관, 2000, 207~233쪽.

카르네프, V. 외 4인, A. 이르계바예브·김정화 옮김, 《내가 본 조
선, 조선인-러시아 장교 조선 여행기》, 가야넷, 2003.

하위징아, 요한(Johan Huizinga), 김윤수 옮김, 《호모 루덴스-놀
이와 문화에 관한 연구》, 까치, 1981.

한국체육과학연구원, 《양궁경기 훈련지도서》, 21세기교육사, 1990.

한명희, 《우리 가락 우리 문화》, 따비밭, 1994.

한영우, 《다시 찾는 우리 역사》, 경세원, 1997.

허경진 옮김, 《충무공 난중일기》, 한양출판, 1997.

헤리겔, 오이겐(Eugen Herrigel), 정창호 옮김, 《활쏘기의 선》, 삼
우반, 2004.

황, 레이(Ray Huang), 김한식 외 옮김, 《1587 만력 15년 아무 일
도 없었던 해》, 새물결, 2004.

황학정, 《황학정 백년사》, 2001.

찾아보기

ㄱ

각궁 30~31, 69, 109, 115, 119,
    125~126, 129~133, 137,
    210~211, 215, 217
각명 137
개량각궁 133
개량궁 125, 132~134, 210, 217
거궁 165
거북선 44, 216~217
경허 23
고구려 30~32, 35~37, 129~130
고도리살 39
고려 37~38
고배 살 176
고자 117, 129
고전 179, 190
고주몽 32, 35
고침쏘기 155~156
고풍 166
골편사 73, 197
과녁 56, 69, 101~102, 158,
    161~162, 167~168,
    172~173, 176~177, 179,
    183~187, 189~190

관 183, 217
관덕 19, 55, 58, 63
관설 사정 73~74
구계훈 163~165, 232
구사 5
국궁 6~7, 58, 79, 96, 109, 129,
    153~154, 158, 163, 185,
    187, 189, 210~211
국기 77, 153, 210
궁대 154, 194
궁력 45, 117, 155, 160
궁방 115, 125
궁사의 모순 140~141
궁술 16~17, 62, 74~75, 78,
    163
궁술 대회 76~77, 91, 195
궁시장 141, 143~144, 231
궁신 129
궁장 143~144, 211
궁체 31, 121
기사 31, 37, 41, 65, 232
《기효신서》 32, 65, 158
김홍도 65
깍지 144~145, 189
깍짓손 96~97
깔지 149

ㄴ
낙전 140

《난중일기》 44~45, 47, 50, 134, 219
노궁(弩弓) 39
노궁(盧弓) 39, 215
노루발 236
노자 22, 24, 104, 207
《논어》 20, 52

ㄷ

단궁(檀弓) 30
단궁(短弓) 31, 38, 213~214
대궁인 30
대사례 52, 54~56
《대사례도》 55
대사습 198
〈대정강사〉 177
대한궁도협회 79, 124, 154
《도덕경》 22, 104
동관 177, 179
동류확대증후군 153
동이족 29, 64, 210, 213
동진동퇴 194
동축 207
득도 23~24, 63, 102
등과정 79, 227
띠 194, 204

ㅁ

만궁 31

만작 160, 240
맥궁 30~31
《맹자》 19, 52, 213
〈명월시사〉 179
몰기 45, 165~167
무겁 156
《무경총요》 32, 64
《무경칠서》 31
《무비지》 31, 64, 161, 231
무시영원 103
무아지경 103
《무예도보통지》 64~65
《무예제보》 64~65
물소 뿔 31, 38, 129~131, 229
물아일체 102
민간 사정 73~74

ㅂ

박수근 35, 214
반깍지 163
백보천양 202
백일장 199, 203
벌터질 173
변 217
병서 31
보사 37, 65
복합궁 38, 131
《본초강목》 138
부린활 131~132

북관대첩 41
불쏘기 104, 239
비정비팔 158~159

ㅅ
사계 167, 195~196
사대 5, 45, 171
사법 16, 31, 65, 209
《사법비전공하》 65
사정 171~172
사회 50
삭시사 195, 221
삭회 195
살날이 190
살몰이 130
선궁 91
선사 5, 24~25
속사병 113
솔포 172, 233
쇠심 38, 129, 228
〈수렵도〉 31
순 45
습사 46, 51, 58, 60, 84, 137,
    145, 190
습사무언 164, 194
시동 190
시수 45, 104, 112, 166, 196,
    203
시위 22, 75, 96, 101, 119,

131~133, 140, 144~145,
    160~163, 168
시자표 138
시장 143~144
시지 167, 217
신궁 24~25, 35, 39, 58, 60, 62
신사 5, 121
심사 157, 244

ㅇ
아기살 68~69
앙사 158
양궁 187, 189
양유기 24, 62, 202
어교 129, 131
억강부약 22
얹은활 38, 131~132, 228
여궁 91~92, 94, 97
연례 56~57
염궁문 23
예 135, 161, 213
《예기》 17, 19, 52, 57, 101, 228
예악사회 20
온깍지 163
완성감 103
완진감 103
우궁 140, 155, 193~194
유엽전 44, 68~69
유희삼매 19

유희인 19
육예 57, 73
이순신 45~47, 50~51, 134,
　　216, 218~219, 224,
　　242~243
이성계 38~40
《이충무공전서》 218~219
〈인왕제색도〉 81
일중례 165
《임원경제지》 171
임진왜란 40, 41, 43, 44~45, 51,
　　62, 215
입·승단대회 124

ㅈ
자아 102
장궁 38, 130, 213
장안편사 73~74, 109, 197~198
장획 58
적 172
《전국책》 62~63
전사 196, 203
전통 145~147
절정경험 102
점화 119
접장 5~6, 166
정간 191, 193
정곡 24, 217
정문부 41, 43

정사 190
정선 81, 85
정순 190
정운 51, 218
정조 58, 60, 62~65, 218~222,
　　243
정중동 207
〈제주전최〉 177
조선궁도회 78~79
《조선의 궁술》 39, 78, 177,
　　210, 232
조총 41, 43~44, 216
좌궁 140, 155, 193~194
주살내기 155~156
죽궁 237
죽머리 155, 210
죽시 134, 136~138
줌통 132
줌손 75, 126, 158, 160~163,
　　194
중요무형문화재 141, 143
《지봉유설》 68
지사 113, 162
지좌굴우 62~63, 160
지촉 161
직궁 214
집궁 팔원칙 157~163
《징비록》 41, 45

ㅊ

척계광 32, 68, 222~223
초시례 193
출전피 140
치마사 91

ㅌ

타아 102
《탐라순력도첩》 177, 179
터과녁 172, 176~177, 184
터편사 73, 197
토사구팽 22
통아 68
퇴촉 114

ㅍ

파워 그립 94
판옥선 44, 216
팔찌 147, 193
편사 179, 197
편장 179, 204
편전 44, 68~69
평사 158
풍기 158
프리시전 그립 94

ㅎ

하사 158
한량 234~235

한산정 46
한신 21
합성궁 31
해궁 109, 117, 119, 121
향각궁 130
향음주례 17, 56
헤리겔, 오이겐 103~104
호시 136
홍심 184~185, 187
화살계 115
화피 129, 131, 215, 229
활계 115
활량 121, 196
활병 109
활터 171~172
황학정 75, 78~85, 109, 124, 154, 177, 226~227
황학정팔경 81
획(畫) 51
획(獲) 56
획창 56
효시 136~137
휘궁 130
휴궁 210
흑각궁 130~131
흑심 177, 179, 184

지은이 김형국(金炯國)

1942년 경남 마산 출생으로 서울대 문리과대학 사회학과와 행정대학원을 졸업했고, 미국 캘리포니아 대학교에서 도시계획학 박사 학위를 받았다. 1975년 이래 서울대 환경대학원 교수로 재직 중인데 그동안 동 대학원 원장, 〈조선일보〉 비상임 논설위원, 한국미래학회 회장, 녹색성장위원회 위원장 등을 지냈다. 《한국공간구조론》, 《고장의 문화판촉》 같은 전공 저술 말고도 문화관광부 '이달의 문화인물' (2004년 11월)로 선정된 서양화가 장욱진의 전기 《장욱진─모더니스트 민화장》도 냈다. 2011년에는 《김종학 그림읽기》를 출간했다. 김경원 사범의 지도로 2003년 봄에 황학정에서 입사(入射)하면서 활과 인연을 맺기 시작했다.

도판을 마련해주신 분들

송영방_ 도판7, 34, 38
권태균_ 도판15, 25, 33, 35, 40, 46, 47, 50, 51, 52
김연진_ 도판2, 26, 29, 30, 32, 45, 48

활을 쏘다
고요함의 동학(動學), 국궁

1판 1쇄 펴냄 2006년 4월 5일
1판 2쇄 펴냄 2011년 10월 1일

지은이 김형국

펴낸이 송영만
펴낸곳 효형출판
주소 우413-756 경기도 파주시 교하읍 문발리 파주출판도시 532-2
전화 031-955-7600
팩스 031-955-7610
웹사이트 www.hyohyung.co.kr
이메일 info@hyohyung.co.kr
등록 1994년 9월 16일 제406-2003-031호

ISBN 89-5872-026-3 03380

값 13,000원